なるほど！
心理学
実験法

三浦麻子　監修

佐藤暢哉・小川洋和　著

北大路書房

本書に掲載されている会社名・製品名は一般に各社の登録商標または商標です．

本書掲載のプログラム使用において生じたいかなる損害についても，弊社および著者は一切の責任を負いませんので，あらかじめご了承ください．

「心理学ベーシック」シリーズ
刊行にあたって

　本シリーズは，心理学をただ学ぶだけではなく自らの手で研究することを志す方々のために，心理学の標準的な研究手法とその礎となる基礎知識について，なるべく平易かつ的確に解説したものである。主たる想定読者は心理学系の大学の学部生だが，他分野を修めてから進学した大学院生，心理学者と共同研究を始める他領域の研究者，消費者行動など人の心がかかわるデータを収集することが有用な実務家など幅広い。

　第1巻「心理学研究法」では，心理学とはどういう学問か，その歴史も含めて説き起こしたうえで，どの研究法にも共通する基盤的知識を解説している。鮮度が高く，かつ経年劣化の少ない事例やハウツーを盛り込む一方で，読みながら手を動かすためのマニュアルというよりも，じっくり読んでいただける内容を目指した。そのために，事例やハウツーをただ網羅するのではなく，「なるほど！」と理解できるように提示することを重視した。

　第2巻「実験法」，第3巻「調査法」，第4巻「観察法」，第5巻「面接法」は，各研究法による研究の実際について，多くの若手・中堅研究者の助力も得て，豊富な事例をそれぞれ具体的かつ詳細に解説している。心理学の基本的な方法論を身につけるために，多くの心理学系の大学で必修科目となっている「実験実習」のテキストとして用いることを想定しており，読みながら手を動かすためのマニュアルという位置づけとなる。類書と比べると，古典的な手法に加えて，測定機器やインターネットの発達などにより実施が可能となった今日的な手法も盛り込んだところが特徴である。また，優しい一方で活き活きとした表情をもつイラストが随所に織り込まれている。内容への興味をよりいっそう喚起してくれるものと思う。

　「心理学を学ぶこと」をめぐる状況は，2015年に国家資格「公認心理師」の制度化が決まったことによって大きな岐路に立った。公認心理師の国家試験受験資格を得るためのカリキュラムが制定されるが，そこでは実験実習にあまり

重きが置かれていない。しかしわれわれは，心理職としての現場での実践を有為なものとするためには，何よりもまず，心理学諸領域の基礎的な知見や理論を学び，それらをふまえて自らテーマを設定して研究を計画し，収集したデータを分析・考察するという一連の科学的実証手続きを遂行するためのスキルとテクニックを習得することが必要だという強い確信をもっている。心理職は現場で科学者たるべしというこの考え方を「科学者 – 実践家モデル（scientist-practioner model）」という。心理職が医師や看護師，あるいは教師と協働することの意義は，彼らとは異なる角度から同じ現場を見つめる視点を導入できるところにある。その視点こそが科学者としてのそれである。

　人間の心のはたらきを科学的に見つめるまなざしは，心理職に就く人にとって有用なばかりではなく，社会生活のあらゆる場面でも機能する。他者の心の状態を推測する心の機能のことを「心の理論（Theory of Mind）」といい，人は成長する中で「自分と他人は違う」ことを徐々に知るようになる。ではどう違うのか，なぜ違うのか。社会生活の中には，心の理論をより深め，自分と他者の違いに折り合いをつけることが必要になる場面が数々ある。そんなとき，自らの思いに振り回されすぎない科学的な視点をもつことは，互いにとってより適応的な社会生活を導くだろう。自己流ではない確立した方法論を身につけ，研究を実践する経験をとおしてこそ，それを手に入れることができる。

　本シリーズの監修者と各巻の編著者の共通点は，関西学院大学心理科学研究室（関学心理）の教員だということである。関学心理は，わざわざ「心理学」ではなく「心理科学」を標榜しているところに端的に示されるとおり，実証主義に根ざした科学的な観点を共通基盤として，さまざまな視点から総合的な人間理解を目指す研究を進めている。監修および第1巻担当の三浦麻子は社会心理学，第2巻の佐藤暢哉は神経科学，同じく第2巻の小川洋和は認知心理学，第3巻の大竹恵子は健康心理学，第4・5巻の佐藤寛は臨床心理学と専門分野は異なるが，全員が，心理学を学び，研究する際に何よりも必要なのは科学的視点であり，それに沿ったスキルとテクニックを身につけることの重要性を伝えたいと強く願っている。小川は関学心理の出身だが，それ以外の面々は偶然にも皆「科学」を冠する（そして「心理」は冠されていない）学部・研究科の出身である。また，シリーズ全体を通して挿画を担当した田渕恵も，われわれ

と同じく関学心理のメンバーで,「科学」を冠する（そして「心理」は冠されていない）学部・研究科の出身である。本シリーズは,こうした面々によって,科学としての心理学を実現するための標準的なテキストとなるべく編まれたものである。

　本シリーズ刊行に際して,誰よりも感謝したいのは,監修者と編著者に日々「心理学研究はどうあるべきか」を考え,そのための技を磨く機会を与えてくれる関学心理のすべてのメンバーである。われわれは,大学に入学して初めて心理学を学びはじめた学部生が,卒業論文というかたちで研究をものにするまでにいたる道程を教え導く立場にある。より発展的な研究を目指す大学院生たちとは日夜議論を交わし,ともに研究を推進している。学生たちに何をどう伝えれば心理学研究の適切なスキルとテクニックを身につけさせられ,それと同時に心理学研究の面白さをより深く理解してもらえるのか,考えない日はない。その試行錯誤が終わることはないが,社会的な意味で心理学という学問が注目を集め,ひょっとするとその立ち位置が大きく変わるかもしれない今,現時点での集大成としてこのシリーズを刊行することの意義は深いと考えている。こうした意図を汲んでくださったのが北大路書房の安井理紗氏である。氏は監修者の大学院の後輩で,科学的な心理学研究を学んだ人でもある。そんな氏の「科学としての心理学の砦になるシリーズを」という思いは,ひょっとするとわれわれよりも熱いくらいで,日々の業務に紛れてどうしても遅筆気味になるわれわれにとって大いなる叱咤激励となった。ここに記して御礼申し上げたい。

　本シリーズが,質の高い心理学研究を産み出すための一つのきっかけとなれば幸いである。なお,本シリーズに連動して,以下の URL にて監修者と編著者によるサポートサイトを用意しており,各巻に関連する資料を提供している。より詳しく幅広く学ぶために,是非ご活用いただきたい。

　　http://psysci.kwansei.ac.jp/introduction/booklist/psyscibasic/
　　※北大路書房のホームページ（http://www.kitaohji.com）からも,サポートサイトへリンクしています。

2017 年 3 月

監修　三浦麻子

はしがき

　本書『なるほど！ 心理学実験法』は，心理学の入門者を対象とした実験の解説書である。扱ったテーマの大部分は心理学の基礎的な実験実習で広く取り上げられているもので，実際に実習で使用されることを想定している。そのことを意識して，可能な限り具体的に述べたつもりであるが，ところどころで記述が不十分なところがあるかもしれない。これは，実習授業で出題されるレポートのことを考えてのことである。学生にはレポート執筆の際に本書も含めた文献などの記述に頼るのではなく，自身の言葉を述べてもらいたいと強く思う次第である。

　本書は5部構成である。第1部「実験法の基礎」では，実験という研究方法について解説するとともに，多くの学生が苦しめられるであろうレポート作成の際の注意点について述べた。実習レポートは報告書の形式をとるため，いわゆる作文で求められる文章とは趣を異にする。第2部「感覚・知覚」，第3部「認知」，第4部「学習・記憶」，第5部「生理」では，実際の実習テーマについて心理学的体系ごとに解説した。その際，最小限ではあるが，各テーマの背景やねらいの理解に必要となる心理学の基礎的な内容についての説明を加えた。さらに，それぞれの実習テーマについて，その内容を発展させる実習課題案を簡単に紹介している。ここでは，実習の参加者に自身で実験内容について考えてもらうことをねらっている。自身のアイデアを実験的に検討することを楽しんでいただきたい。なお，本文中の太字は学習のポイントとなるキーワードである。また，本書で紹介した実験に関する資料や課題プログラムのいくつかをサポートサイトに用意している。ダウンロードできる資料には⑩印をつけているので，ご活用いただければ幸いである。

　心理学は心の科学である。そのことを最も如実に示しているのが心理学実験であると筆者は考えている。綿密に実験計画を練ることはもちろん，実験を通して得たデータは最も重要であり，実験者にとっては大切な宝である。状況を

操作し，焦点とする条件以外は実験条件と統制条件で違いのないように統制する。そして可能な限り質の高い測定を行ない，質の高いデータを得る。これらのことをしっかりと行なうことで，あなたは心についての事実を手にし，その真実に触れることができるのである。ぜひ，その醍醐味を味わう一歩を踏み出していただきたい。本書がその一助になれば，これほど嬉しいことはない。

2017 年 初夏

著者を代表して　佐 藤 暢 哉

「心理学ベーシック」シリーズ刊行にあたって　i
はしがき　ⅱ

第1部　実験法の基礎 …………………………………………… 1

第1章　実験とは　2

1節　実験とは何か　2
2節　いくつかの研究法　4………1　記述的研究（観察と相関研究）／2　相関研究／3　操作的研究（実験）／4　要因計画

第2章　研究レポートの書き方　12

1節　はじめに　12
2節　書式　13………1　文章に関する注意／2　章立て
3節　各章の内容について　15………1　要約（Abstract）／2　序論（Introduction）／3　方法（Method）／4　結果（Results）／5　考察（Discussion）
4節　図表について　22………1　図（Figure）／2　表（Table）
5節　文献の引用について　25………1　本文中での引用／2　引用文献リスト（References）

Part 2 第2部 感覚・知覚 29

第3章 ミューラー・リアー錯視　30

1節　背景　30 ……… | 錯視とは／2　心理物理学的測定法
2節　実習　32 ……… | 目的／2　方法／3　結果の分析／4　考察のヒント
3節　解説と発展　41

第4章 触二点閾　43

1節　背景　43
2節　実習　45 ……… | 目的／2　方法／3　結果の分析／4　考察のヒント
3節　解説と発展　49

Part 3 第3部 認知 51

第5章 パーソナル・スペース　52

1節　背景　52
2節　実習　53 ……… | 目的／2　方法／3　結果の整理／4　考察のヒント
3節　解説と発展　56 ……… | ホールの4つの対人距離帯（ゾーン）／2　パーソナル・スペースに影響する要因／3　パーソナル・スペースの測定法／4　発展課題

第6章 係留効果　62

1節　背景　62
2節　実習　63 ……… | 目的／2　方法／3　結果の分析／4　考察のヒント
3節　解説と発展　66 ……… | 係留効果について／2　係留効果のメカニズム

第 7 章　ストループ効果　72

1節　背景　73
2節　実習　73………｜　目的／2　方法／3　結果の分析／4　考察のヒント
3節　解説と発展　79………｜　ストループ効果について／2　ストループ様効果

第 8 章　心的回転　82

1節　背景　82………｜　表象について／2　イメージについて／3　心的回転
2節　実習　84………｜　目的／2　方法／3　結果の分析／4　考察のヒント
3節　解説と発展　86………｜　イメージ論争について／2　心的回転について／
　　　3　発展課題

Column｜　実験で使用するコンピュータの時間精度　90

第 9 章　視覚的注意と視覚探索　93

1節　背景　94………｜　視覚的注意とは／2　視覚探索課題
2節　実習　96………｜　目的／2　方法／3　結果の分析／4　考察のヒント
3節　解説と発展　100………｜　視覚探索と視覚的注意のモデル／2　探索非対
　　　称性

Part 4

第 4 部　学習・記憶 ……………………………………………107

第 10 章　系列位置効果　108

1節　背景　108………｜　記憶／2　再生と再認／3　自由再生法／4　系列位置
　　　効果
2節　実習　110………｜　目的／2　方法／3　結果の分析／4　考察のヒント
3節　解説と発展　113………｜　記憶の分類／2　初頭効果と新近性効果の出現
　　　理由／3　発展課題／4　補足

第11章　鏡映描写　117

1節　背景　117………｜　学習／2　知覚運動学習／3　鏡映描写課題

2節　実習　119………｜　目的／2　方法／3　結果の分析／4　考察のヒント

3節　解説と発展　121………｜　知覚運動学習についての補足／2　発展課題

第12章　反応形成　127

1節　背景　127………｜　反応形成（シェイピング）／2　累積記録器／3　Sniffy, The Virtual Rat

2節　実習　131………｜　目的／2　方法／3　手続き／4　結果の整理と考察のヒント

3節　解説と発展　134………｜　強化スケジュール／2　発展課題

第5部　生理 ……………………………………………………137

第13章　心電図の測定　138

1節　背景　138

2節　実習　140………｜　目的／2　方法／3　結果の分析／4　考察のヒント

3節　解説と発展　143………｜　生理指標の意義／2　末梢神経活動の生理指標／3　フィルタとサンプリング周波数／4　心拍の生理心理学的意義／5　発展課題

Column 2　唾液中のアミラーゼの測定　149

第14章　皮膚コンダクタンスの測定　151

1節　背景　151………｜　定位反応／2　皮膚コンダクタンス

2節　実習　152………｜　目的／2　方法／3　結果の分析と考察のヒント

3節　解説と発展　154………｜　他の皮膚電気反応／2　SCRの測定指標／3　発展課題

第15章　脳波および事象関連電位の測定　152

1節　背景　152………1　脳波／2　アーチファクト

2節　実習　159………1　目的／2　方法／3　結果の整理と考察のヒント

3節　解説と発展　162………1　中枢神経活動の生理指標／2　脳波について／
3　事象関連電位／4　発展課題

付章　PsychoPy を利用した実験プログラムの作成　167

1節　PsychoPy の概要　168………1　PsychoPy とは／2　インストール方法／
3　画面構成

2節　プログラムの作成例（視覚探索課題）　169………1　刺激画面の作成／2
実験試行の作成／3　ループと条件ファイルの設定／4　動作確認／5　さら
なる学習のために

引用文献　183
索　引　189

第 1 部

実験法の基礎

　第 1 部では心を研究することとは何かということを概観し，その中でも実験とは何か，他の研究手法とはどう異なるのかということについて述べる。また，実験を計画する際や，実験の結果として得られたデータを解釈する際に必要となる基本的な用語や概念，さらに行なった実験を報告としてまとめる際に注意すべきことについて解説する。

実験とは

　この本は実験法について述べたものである。実験は研究を目的になされるものである。研究とは，ある対象についてよく調べ，深く考えることをとおして，事実や真理を明らかにすることである。
　本章では，実験とは何かを明らかにしたうえで，実験におけるいくつかの方法を紹介する。

1節　実験とは何か

　皆さんネコはご存じだろう。愛らしい動物で，ネコが好きな人は多い（筆者もその一人である）。あなたは，ネコの習性を研究しているとする。最初にすることは，ネコの行動を観察することだろう。そして，詳細な観察をとおして，ネコがネズミに対して，前肢をたぐり寄せるように動かし，対象物をたたくような行動（通称ネコパンチと呼ばれる）を見せることに気づく（観察による記述）。そして次に，実際にネコパンチの出現率のデータを取って調べてみる。すると，ネコパンチはネズミが出現している際には見られるが，目の前にネズミがいない場合には見られないということをデータは示していた。これは，ネ

ズミの存在という変数とネコパンチの出現という変数との関連を調べていることになり，後に述べる相関研究にあたる。場合によっては，ネコとネズミの間の距離を測定し，距離とネコパンチ出現との関連性を検討することもできるかもしれない。この際は，ネコ－ネズミ間の距離という変数と，ネコパンチの出現率という変数の間の関連を検討していることになる。

さらに，実際にあなたはネコの眼前にネズミを呈示するという操作を行なって，そのことによってネコパンチが出現するのかどうかを検討してみる。これが実験にあたる。つまり実験とは「変数（ネズミの存在）」を実験者が操作し，その操作が別の変数（ネコパンチ出現）にどう影響するのかについて調べる研究方法である。また，この実験では，「ネズミの出現がネコパンチを誘発する」という仮説を検証していることになる。あるいは，ネコ－ネズミ間の距離を操作する場合は，ネズミが一定の距離に近づくとネコはネコパンチを繰り出すという仮説の検証になるかもしれない。

実験の結果，ネズミが出現するとネコパンチが見られることがわかったとしよう。しかし，対象がネズミである必要があるのかどうかという疑問が生じる。そこで，ネコに呈示する刺激を統制し，新たな仮説を検証することとする。たとえば，毛糸の玉を呈示してみて，その条件とネズミを呈示する条件とを比較してみる。この場合は，呈示する刺激が変数となる。この実験の結果は…多くの方がご存知だろうが，ネコは毛糸玉に対してもネコパンチを繰り出すことが多い。よって，ネコパンチはネズミに対して出現するという仮説は否定され，なんらかの毛状の動く物体に対して出現する可能性が示唆される。しかし，毛は必要なのか？…というように，研究は観察による記述から始まり，事象間の関連の検討，そして実験というかたちで進んでいく。実験を繰り返すことによって，対象とする事象の出現に必要な条件を明らかにしていくのである。

ネズミの存在という変数はネコパンチ出現という変数にどう影響するのか

第1章　実験とは　3

2 節 いくつかの研究法

研究を行なう際の方法は，記述的方法と操作的方法に大きく分けることができる。記述的方法は観察と相関研究を含む方法であり，操作的研究は実験研究にあたる。本書は実験法について述べるものであるが，記述的方法についても以下に簡単に触れておきたい。記述的な研究によって，研究の対象となる現象の詳細について発見できたり，実験をする際に何を操作して何を測定すればよいのかについてのヒントがもたらされたりするからである。

1 記述的研究（観察と相関研究）

記述的研究の基礎的な方法は**観察**である（本シリーズ第4巻，観察法参照）。目の前で起こっている事象を観察し，記述することから研究は始まる。記述的研究方法の一つでもあるが，観察はあらゆる研究の根幹だといえる。操作的研究であったとしても，実際のデータを取得する行為自体は観察にあたるともいえるだろう。観察を研究方法として考える場合，観察された事象は観察者の目をとおして記述される，ということを認識しておくことが重要である。観察者が気づかない場合や，注目すべきところを認識していない場合は，記述されるべき事象を見逃してしまう可能性がある。

(1) 変数

記述的方法をとる場合でも，後で述べる操作的方法においても，研究を行なう際には，対象から収集した情報をなんらかのかたちで数値化し，データとして扱うことがほとんどである。データは，検討する対象の性質や，その状況によって値が変化する。たとえば，あるクラスの学生の身長が検討対象である場合，身長として得られるデータは個人ごとに値が異なる。そのため，ここで検討対象となる身長という特性は**変数**（variable）となる。変数とは，定数（constant）の対となるもので，定数がいつも同じ値をとるのに対して，変数はその値が対象や状況によって変化する。研究においては，検討対象になる特性や条件なども変数になるし，実際に取得したデータも変数になる。この区別

4　第Ⅰ部　実験法の基礎

については，また後に述べる（本節 3-(1)「独立変数，従属変数，剰余変数」を参照）。

(2) 尺度

　変数は，その特性に応じて，**名義尺度**，**順序尺度**，**間隔尺度**，**比率尺度**の 4 つに分類される。**名義尺度**（nominal scale）は，性別や職業などといったカテゴリーに相当し，その大小関係について問うことはできない。質的変数と呼ばれることもある。**順序尺度**（ordinal scale）は，地震の震度やスポーツ競技の順位など，その大小関係のみが問題とされ，順序間の差には意味がないような尺度である。たとえば，順位でいうと，1 位と 2 位の差は，2 位と 3 位の差と同等とはいえないのである。**間隔尺度**（interval scale）は，温度（摂氏温度や華氏温度）や時刻など，数値間の間隔が等しいもので，数値間の差について扱うことが可能である。しかし，0 点が任意に決められたものであるために，その比率には意味がない。時刻でいうと，5 時と 7 時の差は 2 時間であり，その差は 10 時と 12 時の差と同等であるが，10 時が 5 時の 2 倍の時刻だということにはならない（経過時間については，4 時間は 2 時間の 2 倍の時間と見なせるので，次に述べる比率尺度にあたる）。**比率尺度**（ratio scale）は，質量，長さ，時間，絶対温度など多くの物理量が含まれ，数値の差とともに，その比率にも意味のある尺度である。比率尺度には，問題としている量的性質をまったくもたない点，つまり絶対的な 0 点が存在する。

2　相関研究

　ある事象（変数）と別のある事象（変数）との関連性を検討するのが**相関研究**である。ほとんどの場合，変数の操作は行なわれないので，記述的方法に含むことができるであろう。相関研究で問題とされるのは，対象となる複数の事象の出現が同期するのか，つまり，一方の事象が発生した場合に，もう一方の事象も発生しているのかどうか，あるいは，一方の値が変化したときに，それに関連してもう一方の値も変化するのか，といった変数間の関連性である。注意すべきは，変数 A と変数 B の間に相関関係があったとしても，それらの間に**因果関係**（たとえば，変数 A が原因となり，その結果として変数 B が生じ

るという関係）があるとは限らないということである（本シリーズ第1巻第2章3節を参照）。別の要因が，それらの変数の共通した原因となっていること（変数Cが原因となって，変数Aおよび変数Bの両方ともが結果として生じるような関係）もありうる。

3　操作的研究（実験）

　本書の主題でもある実験，つまり**操作的研究**では，研究者が状況を操作したうえでデータを収集する。そして，研究者が与えた操作によって，検討対象となる変数にどのような影響があったのかについて明らかにするのである。このため，操作が原因となって生じた結果を得ることができ，それらの**因果関係**に言及できる。

　状況の操作は，ある仮説のもとに行なわれ，実験をとおして，その仮説の検証を行なうのである。冒頭の例でいうと，ネコはネズミに対してネコパンチを繰り出すということが仮説にあたり，ネズミを呈示するという操作（実験）をとおして，仮説を検証するのである。

(1)　独立変数，従属変数，剰余変数

　操作的研究を行なう際，実験者が操作する変数を**独立変数（independent variable）**といい，その操作の結果が表われる（と仮定する）変数を**従属変数（dependent variable）**と呼ぶ。実際にデータとして得る変数は従属変数にあたる。実験研究は，実験者の操作によって変化した独立変数の影響が，従属変数にどのように表われるのかを検討するものといえる。1節のネコパンチの例だと，ネズミの存在（あり・なし）が独立変数にあたり，ネコパンチの出現（あり・なし）が従属変数に相当する。

　実験研究は，実験的操作の結果をデータとして取得し，それによって仮説の検証を行なうものである。実験を行なう際には，操作の効果のみが観察できるように，操作する要因以外は変化しないように実験状況を統制することが重要である。状況の統制が及ばず，実験者の意図しない変数が取得したデータに影響を及ぼしてしまうことがある。この変数を，**剰余変数**あるいは**外的変数（extraneous variable）**と呼ぶ。繰り返すが，実験研究では，剰余変数をいか

に統制できるかが肝要なのである。

(2) 操作的定義

　心などの概念は直接測定することはできない。しかし，なんらかの具体的な操作によって客観的に測定することは可能である。このようにとらえると，「操作」と「概念」は同義だと見なすことができる。このようなかたちで科学的な概念をとらえるのが**操作主義**（operationalism）である。操作主義は，物理学者のブリッジマンが，「概念とは，それに対応する一種の操作と同意語である」と提唱したことに端を発する（Bridgman, 1927）。たとえば，「長さ」という概念は，「長さを測る操作が決まれば定まる」，つまり，どのようにそれを測定するのかという操作をとおして定義される。1メートルという長さは，「1秒の299,792,458分の1の時間に光が真空中を伝わる行程」を測定することによって定義される。

　操作的定義とは，操作主義に則り，概念を操作として定義することである。心理学では，操作的定義に基づいて，心を客観的に扱うのである。つまり，対象としている心の概念を，ある具体的な操作によって定義し，その操作を通じて測定するのである。たとえば，呈示された複数の文字列を覚えて，一定の時間の後に，その文字列をできるだけ思い出してもらうという**再生**記憶課題によって，記憶の程度を調べようという場合を考える（第10章系列位置効果も参照）。この場合，思い出した文字列の数という測定できる値を，記憶の程度として操作的に定義するのである。また，早く思い出した文字列のほうが強く記憶に残っていたと考えることもできるので，思い出した文字列の順番を記憶の強さと定義することもできるだろう。冒頭のネコパンチの例だと，ネコが前肢を身体の前方に出し，たぐり寄せるような動きをすることを「ネコパンチ」と操作的に定義することに相当する。より具体的には，たとえば「前肢を身体全長の5％に相当する距離以上前方に差し出し，肘・手根関節を屈曲させつつ胴体のほうへ引き戻す動き」と定義して，その動きが見られた場合に，ネコパンチが出現したと見なすのである。

第1章　実験とは　7

(3) 統制条件

　何度も繰り返しているが，実験では実験的操作の効果が検討される。その操作の効果について評価するためには，対象となる操作が加わらない場合と，操作を加えた場合とを比較することが必要となってくる。この比較対象となる条件を**統制条件**（control condition）と呼ぶ。統制条件は，操作した変数以外については，実験的操作が加わる条件と同様にすることが重要である。つまり，剰余変数が変化しないように統制するのである。

4　要因計画

　多くの場合，取得したデータは統計的に分析することになるが，詳細は別の書に譲ることとして，ここでは基本となることについて簡単に述べるだけにとどめる（詳しくは本シリーズ第 1 巻を参照のこと）。実験では，計画された実験条件のもとでデータを取得し，条件によってデータが示す事柄が異なるかを比較することになる。この際，当然ながらデータを誰から（グループ），どのように取得するのかが重要となる。

(1)　被験者間要因と被験者内要因

　実験操作によって検討する対象を**要因**（factor）と呼ぶ。**被験者間要因**（between-subject factor）は，それぞれの実験条件にそれぞれ別の被験者が割り振られる。つまり，各被験者はどちらかの条件のみを体験することとなる。**被験者内要因**（within-subject factor）は，すべての被験者がすべての実験条件を体験する。被験者間要因を用いる実験は，被験者間実験計画とか，被験者間実験デザインと呼ばれ，同様に，被験者内要因を用いる実験は被験者内実験計画とか，被験者内実験デザインと呼ばれる。

　被験者内要因では，複数の実験条件が課されることとなる。この際，実験条件の実施順序が剰余変数として混在しうることになってしまう。A 条件と B 条件の 2 水準の被験者内要因があった場合，すべての被験者について，A 条件に続いて B 条件を行なうとすると，後で実施する B 条件では練習などによって課題成績が向上，あるいは逆に疲労などによって B 条件では成績が低下するかもしれない。このような実験条件の実施順序によって生じる剰余変数を相

殺するために，**カウンターバランス**という手続きを行なうことが多い。この場合では，被験者の半分については，A→Bの順序で実験を行ない，残りの半分についてはB→Aの順序で実験を行なうのである。

(2) 主効果と交互作用

　心理学が対象とする心的機能は，多くの要因に影響される。実験を計画する際には複数の要因を想定することが必要なこともある。また，実験によって得られた結果を解釈する際にも，複数の要因からなる結果を読み解くことが必要とされることがある。当然ではあるが，複数の要因から構成される結果は，1つの要因の差異を比較する場合よりも複雑な様相を呈する。ここでは，2つの要因を想定した実験例を示すことで，その概略について簡単に述べておきたい。

　例として，画期的な効果が期待される計算ドリルを開発し，その効果を検討する事態を想定する。生徒を2つのグループに分け，ある一定期間，一方のグループには開発した計算ドリルに取り組ませ，もう一方のグループにはすでに市販されている一般的なドリルに取り組ませた。そして，その後に行なう学力テストの結果を比較することによって，開発したドリルの効果を検討することとした。対象としたのは，小学4年生の男女の生徒としたが，この学年では，学力成績の男女差が懸念されており，そのことも検討対象となった。つまり，この例の実験の場合は，実施させたドリルの要因（新規開発したドリルか既存のドリルか）と性別の要因（男子生徒か女子生徒か）の2つの要因が存在している。どちらの要因も被験者間要因である。そして，実験の結果として，図1-1のようなデータが得られたとする。

　図1-1（a）の場合は，性別にかかわらず，新規開発したドリルに取り組んだ生徒のグループ（群）のほうが，既存のドリルに取り組んだ群よりも学力テストの成績がよかったことになる。別の言い方をすると，性別の要因の効果は認められず，ドリルの要因の効果が認められたことになる。このように，複数の要因が存在する実験計画の際，1つの要因にだけ注目して，それ以外の要因については無視した場合（平均値としてみた場合）の，その要因の効果を**主効果 (main effect)** と呼ぶ。この例では，ドリルの主効果を見る場合は，性別の要因は平均してしまうことになる。男子生徒と女子生徒のどちらについても，そ

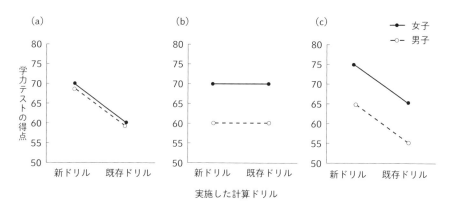

図 1-1　主効果の結果の例

れぞれのドリル実施後の学力テストでは同じような得点を示しているので，平均してもほぼ同じ得点となる（新ドリル約 70 点，既存ドリル約 60 点）。

　図 1-1（b）の図は，ドリルの主効果は見られず，性別の主効果のみが見られた場合である。性別間に学力成績の違いがあり，その違いは，どちらのドリルに取り組んでも変わらなかったと考えられる。

　図 1-1（c）の図は，ドリルの主効果，および性別の主効果の両方が認められた例である。この場合は，性別間の学力成績の違いに加えて，新規開発したドリル実施群の成績が，既存ドリル実施群よりも良かったので，男子でも女子でも新規開発ドリルによる学力向上が示されたといえる。

　それでは，次の図 1-2（a）のような結果が得られた場合はどうだろうか？ 男子生徒では，新ドリル群と既存ドリル群の間に違いが認められないが，女子生徒では新ドリル群のほうが学力テストの成績が良かった。この例のように，複数の要因が組み合わさって生じる効果を**交互作用（interaction）**と呼ぶ。ドリルの効果（新ドリル群と既存ドリル群の成績の違い）は，性別によって異なる。つまり，ドリルの要因だけ，あるいは性別の要因だけに効果が認められたのではなく，両者が組み合わさったかたちで効果が生じたのである。

　次の図 1-2（b）は別の交互作用の例である。図 1-2（a）のデータでは，ドリルの主効果に加えて性別の主効果も多少見られたが（それぞれの平均値を考

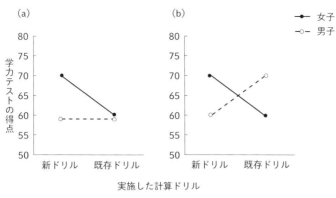

図 1-2 交互作用の例

えてみるとよい），この例では，ドリルの要因および性別の要因どちらの主効果も認められない（平均値はほぼ同じ値になる）。女子生徒では，新規開発したドリルを実施することによって成績が改善したことが示唆されるが，男子生徒の場合では，逆に開発したドリルを実施することは既存のドリルに取り組むことに比べて成績を悪化させたことを示唆している。

2 要因以上の複数要因の実験計画で研究を実施する場合は，交互作用を考えることが主眼となってくる。それぞれの要因単独の主効果ももちろん大事ではあるが，主効果の検討が目的であるのなら，1 要因の実験計画を立てたほうがよい場合が多い。複数要因の実験計画を採用することに際して，実験結果の表われ方のパターンをしっかりと区別し，解釈できるようになっておくことが重要である。

第 2 章 Chapter 2

研究レポートの書き方

　ここでは実験実習レポートや卒業論文（以下，研究レポート）を書く際の書式および内容や記述において注意すべき点について解説する。実験実習の授業科目では，実験や調査の終了後にレポートを作成し提出することが求められる。研究レポートの作成にあたっては，研究の目的，内容，結果やその解釈について，明瞭かつ無駄なく記述することが求められる。それに加えて，研究レポートの構成や内容，図や表の書き方，引用文献の表記，使用する文体など，守らねばならない取り決めが多くある。これらは実験によって得られた内容を，事実に基づいて正確にわかりやすく伝えるために必要なものである。

1 節　はじめに

　ここでは，研究レポートの書き方について，著者の所属する関西学院大学文学部総合心理科学科で採用している書式をもとに解説を行なう。この書式は，日本心理学会 (2015) の「執筆・投稿の手びき」に準拠したものである。ただし，受講している授業科目の担当者に異なった書式を指定されている場合は，そち

らを優先してほしい。また，学会誌などの学術雑誌に論文を投稿する際には，そこで定められた執筆規程に従うことが求められる。重要なことは，所定の書式・規程に従って研究レポートを作成することであり，一つの研究レポートの中で複数の書式が混在したり，表記が揺れたりしないようにすることである。

研究レポートや論文の書き方をしっかりおさえよう

　研究レポートには必要なことが簡潔に書かれていることが重要で，冗長な表現や曖昧な表記を避け，誰が読んでもわかりやすく書く必要がある。また，単に行なった実験の手続きや結果を羅列するのではなく，その研究の目的，その目的の着想にいたった背景，結果の解釈などを読者にわかりやすいかたちで伝えることが求められる。そのためには，論文全体を通した論理の流れとなるストーリーが重要であり，それを十分練ったうえで執筆に取りかかることが大切である。実験や調査のデータ処理が終わったからといって，いきなり研究レポートを書きはじめてはいけない。

2 節　書式

　研究レポートの形式に関して，守るべき書式を説明する。細かい指示が多く，ひょっとしたら「そこまで厳密でなくても…」と考える人もいるかもしれないが，これらの書式が細部にいたるまで守られていることで，はじめて読みやすく理解しやすい研究レポートが完成することになる。提出する前には，これらの条件がすべて満たされているか十分確認すること。

1　文章に関する注意

　研究レポートの文章は会話的文体を避け，「だ」「である」で終わる常体で記述する。また，体言止めや箇条書きは用いない。和文の読点と句点は「、。」「，。」

「，．」のいずれの組み合わせでもよい。ただし，一つの研究レポートの中では混在させないこと。一文が長くなると，主語と述語の対応があいまいになるなど，わかりにくい文章になりやすい。できるだけ，文章を短くすることを心がけるとよい。

　定着した訳語がある用語や適切な日本語で表現できる用語は欧語で表記しない。たとえば「条件ごとに reaction time の average を算出した」ではなく，「条件ごとに反応時間の平均値を算出した」などと書く。訳語が定着していない用語や，日本語で表記することによって誤解を生む用語の場合は，欧語のまま記載してもよい。また，重要な専門用語については初出時に「この現象は単純接触効果（mere exposure effect）と呼ばれ…」のように括弧内に欧語を併記する。実験の中で設定した条件名なども基本的には欧語で表記するのは避ける。

　文章を書く際には**パラグラフ・ライティング**を心がけるとよい。パラグラフ・ライティングとは，ある一つのトピックについて述べた文の集まりを１段落とし，その段落で述べようとするトピックの要約を第１文に置くという文章作成法である。同じ段落には複数のトピックを混ぜず，また同じトピックを複数の段落にまたがって述べないようにする。これによって，各段落に書いてあることは，その第１文を読んだだけでわかる。このパラグラフ・ライティングを意識して文章を作成することで，研究レポートの読みやすさがずいぶん向上するはずである。なお，パラグラフ・ライティングについては，本シリーズ第１巻で解説されているので，そちらを参照のこと。

2　章立て

　研究レポートの本文は《要約（あるいは要旨）》《序論》《方法》《結果》《考察》の５つの部分から構成される。それぞれの章の中にも必要に応じて見出しをつけて区分する（《方法》であれば，「実験参加者」「刺激」など）。

　複数の実験・調査からなる場合には，《序論》の次に「実験１」「実験２」などと章を立て，その中に「目的」「方法」「結果」「考察」などとの見出しをつける。そして，すべての実験のあとに《総合考察》を設け，全体的な考察を行なう。

3節　各章の内容について

　ここでは研究レポートの各章で何を記載すべきか，注意すべき事項について説明する。

1　要約 (Abstract)

　《要約》では，研究レポートの内容について，400 文字程度で要約し，結論を簡潔に述べる。研究の背景に触れ，研究の目的を記述し，実験・調査方法の概要を説明した後，重要な結果に重点を置いて説明して，最後に結論を述べる。重要なのは，本文を読まなくてもこの部分だけで研究内容の概略がわかることである。そのため，本文中で使っている条件名などを説明なしにそのまま記載するのは望ましくない。また，特別な場合を除いて，実験装置の使用や統計的検定の結果など，詳細については示さなくてよい。

　《要約》は読者がはじめに目にする部分である。インターネットで論文を検索すると大量の論文が検索結果として挙がってくることがよくある。そのときには，タイトルと要約だけに目を通して，興味を惹かれた論文だけを読むというスタイルをとる読者が主流になってきている。そのため，論文を多くの人に読んでもらうためには，研究の概要をわかりやすく伝えることはもちろん，この研究の重要性や面白さが伝わるように工夫してタイトルと要約・要旨を整えることが望ましい。

2　序論 (Introduction)

　《序論》では，研究レポートで報告される現象や対象の説明，主要な用語の定義，関連する先行研究の知見など，研究目的を理解するために必要となる背景知識を記述する。研究の目的を明確にしたうえで，仮説や結果の予測について述べる。研究の内容によって，《序論》で述べられなければならない内容やその順序は異なるが，おおむね以下のような内容について順に記述するとよい。

(1) 取り扱う研究テーマ・対象・現象に関する説明

「○○効果とは…という現象であり，…」「…において…することがある。これは○○と呼ばれており…」などと説明する。可能であれば，いきなり専門的な説明を行なうのではなく，日常場面での例の紹介などを導入に置くと読者が理解しやすくなる。

(2) 研究目的を理解するために必要な先行研究の紹介

「Ogawa & Sato（2017）は，…ということを報告し，この…を○○効果と呼んだ。」「○○効果については多くの研究が行なわれており，…であることが明らかになっている（小川・佐藤, 2017）。」などと記載する。引用する際の書式については，後述する。

(3) 研究目的の説明

「本研究は○○効果の…を明らかにするために行なわれた」「本研究の目的は，…を確認することであった」などと記載する。《序論》ではここで述べる研究目的の意義や重要性を理解してもらうことが最も重要である。これまでに紹介した先行研究との対応などを意識して説明するとよい。

(4) 実験・調査の概略の説明

「まず，…を行なった後，○○課題を実施した。」「…を行なう△△群と，…を行なう□□群の間で成績を比較した。」「大学生を対象として…を測定するための質問紙調査を行ない，…」のように記述する。詳細についてはこの後の《方法》で述べるので，重要な情報のみを簡潔にまとめる。

(5) 仮説や結果の予測の提示

仮説と結果の予測は混同されやすいが，別のものである。ある現象の背後にあるメカニズムやプロセスについて，ありうる説明が仮説である。その仮説をもとに実験計画を立案し，実施する際に，得られると予想される結果について述べるのが結果の予測である。たとえば，仮説は「ネコは毛状の動く物体に特定的に反応してパンチを繰り出す」のように記述される。一方, 結果の予測は「も

しこの仮説が正しければ，ネコパンチの生起数はゴムボール条件よりも毛玉条件で多くなると予測される」などと記述される。

3　方法 (Method)

　レポートで報告される実験や調査が科学的な研究としてあるためには，その結果の再現性を検証するための実験，すなわち追試を行なうために必要な情報がすべて含まれていなければならない。つまり，読者がまったく同じ実験を再現できるように，《方法》には実験に用いた器具・装置，呈示した刺激，研究を実施した手続きなどに関する情報を具体的かつ詳細に記述することが求められる。なお，《方法》は基本的にはすべて過去形で記述する。

　この章は通常，以下にあげるような部分に分けて記述されることが多い。複雑な研究計画を用いた場合には「手続き」の節の中にさらに小見出しを設けてもよい。また，実験の内容によっては，「被験者」の前に「研究日時・場所および状況」などの節を立て，実験を行なった時間や，その実施場所の基本的な状況（遮音・遮光・電磁シールドの有無，集団実験では教室の状況など）を記述することもある。

　数値を示す際の単位には，国際単位系（SI）を用いる。たとえば時間を示すときは「30 sec」「300 ミリ秒」ではなく，それぞれ「30 s」「300 ms」とする。数値と単位の間には半角スペースが必要である。ただし，「%」は単位ではないので数値との間にスペースを空ける必要はない。

(1)　被験者

　「実験参加者」と記載することもある。動物を用いた実験では「被験体」，調査の場合は「調査対象者（あるいは単に対象者）」と記す。人数（男女ごとに示す），年齢（範囲と平均）を示す。プライバシー保護のため，個人を特定できる情報は記載しない。その他にも実験結果に影響すると考えられる属性があれば明記する（視力・利き手・色覚異常の有無など）。実験参加者や，調査対象者の抽出方法についても記述すること。

　実験や調査で個人の情報やデータを収集する際には，研究の目的や意義，また実験参加によって生じる不利益の可能性などについて事前に同意を得る必要

がある。これを**インフォームド・コンセント**（informed consent）と呼ぶ。また，研究の性質上，事後でなければ本来の目的を伝えられない場合には，事前には虚偽の目的を伝え（**デセプション**；deception），実験あるいは調査終了後に本来の目的を伝えて，データを使用することに同意を得なければならない（**デブリーフィング**；debriefing）。このような説明責任にかかわる手続きについても，「すべての実験参加者から実験開始前に書面によるインフォームド・コンセントを得た」などと明記する。他にもなんらかのかたちで謝礼や報酬を支払った場合や，実験参加を授業の一環として行なうコースクレジット制度を利用した場合，倫理委員会の承認を受けた場合には，この項目に含めて記載する。なお，心理学の研究倫理の問題については，本シリーズ第 1 巻で詳説されている。

(2) 実験装置・器具・調査用紙

実験に用いた装置・器具や配布した調査用紙などについて，名称や寸法などを記述する。実験や調査の内容によっては次の (3)「実験刺激・材料」と一つにまとめてもよい。

市販の製品については，「刺激呈示には液晶ディスプレイ（EIZO 社製 FS2735）を用い…」などと，その製造元と正式名称（わかる場合には型番）を記す。手製の装置であれば，材質や作成方法，動作原理，精度などの概略を記す（たとえば，「ペットボトル（350 ml）に直径○ cm の鉄球を△個詰めたものをおもりとし…」）。また必要に応じて装置の寸法，設置場所，被験者との位置関係などを書く（たとえば，「スキナー箱の内寸は○ cm ×△ cm ×□ cm であり…」「被験者の頭部をあご台で固定し，ディスプレイとの距離を 57 cm に保った」）。文章で説明するだけでは理解しにくいと思われるときは，図や写真などを用いて示す。

質問紙調査の場合は，使用した調査用紙の内容および構成を記述する。

(3) 実験刺激・材料

実験の中で被験者に呈示した刺激や材料について記述する。図や写真を使って，具体的にどのようなものかがイメージできるようにするとよい。先行研

究で使われた刺激を用いる場合にはその文献を引用するが，その場合もこの
レポートの記載内容で刺激がどのようなものかわかるように詳細を記述する。
実験結果に影響すると考えられる刺激の強度，持続時間，時間的・空間的布
置などは，読者が実験を再現できるように正確かつ具体的な数値を示して記
述する。

（4）手続き

　被験者が実験で行なった課題の内容，実験実施者が与えた教示，実験操作，
条件や群の設定や試行数など実験手続き全般について，できるだけ詳細かつ簡
潔に示す。質問紙調査の場合には，質問紙の配布方法について，具体的に記す。
　実験内容の説明をする際に「試行」「セッション」「ブロック」などの語句
を用いることが多いが，これらは必ずその指す内容を定義してから使用する。
たとえば，「…から…までを1試行とし，20試行行なった。」などと記述する。
一般に，1回の反応測定機会を「1試行」という。「1セッション」は複数回の
試行または一定の実験時間から構成され，被験者が実験室から出るか休憩をと
る時点をセッションの区切りとすることが多い。また，試行やセッションのま
とまりのことを「ブロック」と呼ぶ。
　実験内容の説明で最も重要なことは，被験者の行なった課題がどのようなも
のであったかである。刺激の呈示方法などについて説明した後，「被験者の課
題は…に対して，…を判断してボタン押しで反応することであった。」「…を口
頭で読み上げるよう，被験者に求めた。」など，被験者に何をするように求め
たのかを具体的に説明する。教示については全文を載せるのではなく，要点だ
けを記述する。課題によっては，被験者にどのような基準で反応を求めたのか
（スピード／正確さのいずれを重視させたのか）も重要な情報になるので説明
すること。また，従属変数（指標）として何をどのように測定したのかを明記
する必要がある。「被験者が最初の単語を読み上げてから，すべての単語を読
み上げるまでの時間を反応時間とし，ストップウォッチで計測した。」「刺激呈
示からボタン押しまでの時間を反応時間として計測した。」などと記載する。
　刺激の呈示系列（呈示する順序）については，その作成方法や特徴などを明
らかにし，**カウンターバランス**やランダマイズを行なった場合は，それをど

第2章　研究レポートの書き方　　19

のように決めたのかをわかりやすく説明する。実験全体の試行数およびおよその所要時間，休憩の回数や練習試行についても具体的に示す。

　実験における条件や群の説明をする際には，それぞれにわかりやすい名称をつけたうえで，実験目的とのかかわりがわかるように記述する。たとえば，「…という本研究の目的を果たすため（…という仮説を検証するため），2つの実験条件を設定した。○○条件は，…」などと記載する。条件名は，その内容が理解しやすいように工夫する。場合によっては略号をつかってもよいが，その略号が意味するところをわかりやすく説明すること（たとえば，「…という2群にそれぞれ，P+群，P-群と命名した。いずれの場合もPは事態が予測可能である（predictable）ことを示しており，符号は随伴性の方向（正と負）を示している」）。「第1群，第2群」「A条件，B条件」など，名称から内容が理解できないような設定は避ける。

4　結果 (Results)

　この章では，得られたデータをもとに研究結果を主要なものから順に記述する。データは図表を用いてわかりやすく示し，それらに対して文章で説明を加えて，必要に応じて統計分析・検定を行ない，その結果を記載する。統計分析・検定はあくまで得られたデータの解釈をサポートするものであるため，いきなり検定結果から記述するようなことはしない。また，《方法》と同様に，《結果》も基本的には過去形で表記する。

　データの図表については，その内容について以下のように本文中で説明を加える（図表に関する解説は後述）。まず，何を図示したものなのか，縦軸・横軸・エラーバーの説明を行なう（たとえば，「Figure 1には各群の平均反応時間が示されている。縦軸は反応時間，横軸はセッションを表わしている。エラーバーは標準誤差を示している」）。そのうえで，図や表のだいたいの内容およびそこから読み取れることを説明する。特に読者に注目してほしい点を指摘するとよい（たとえば，「Figure 1から明らかに，各群とも反応時間はセッションの経過に伴って単調に増加しているが…」）。そして，統計分析・検定の詳細（独立変数，従属変数，検定法）を示し，検定結果を記述する（たとえば，「各群の平均反応時間について，群（3）×セッション（5）の2要因分散分析を行

なったところ，群の主効果が有意であった（$F_{(2, 10)} = 8.98$, $p < .05$)」…）。t 検定の場合は「有意な差」，分散分析の場合は「○○の主効果」「○○と××の交互作用」のように，用いた検定と対応する表記をしなければいけない。統計値に関する記号（t や p）はイタリック（斜体）にすること。なお，有意でなかった結果についても統計量などを記述する（たとえば，「…が，セッションの主効果は有意ではなかった（$F_{(4, 10)} = 1.35$, $p = .63$)。一方，群とセッションの交互作用は…」）。それらの検定結果をうけて，示された実験結果がどのように解釈できるのか，「群とブロックの交互作用が有意であったことは，Figure 1 において…であることと対応している。以上のことから…であることが明らかになった」などと記述する。

《方法》で収集することを示したデータについては，漏れなく言及しなければならない。複数の従属変数を測定し，そのうち最も重要なものにのみ分析を行なう場合でも，その理由について説明しなければならない。たとえば，課題の反応時間と誤答率を測定したが，反応時間のみを詳細な分析の対象とする場合には，「平均誤答率はすべての条件で 1% より低かったため，以後の分析の対象から除外した」などとその理由を説明すること。

5　考察（Discussion）

得られた結果に言及しながら，その解釈や研究目的との関係，他の研究知見との関係などを議論する。そのうえで，研究の問題点や今後の展望について述べる。この章で述べることは基本的には《結果》の章で示したデータに基づいていなければならない。

まず冒頭で「実験目的」「手続き」「結果」を簡潔に要約する。特に得られた実験結果については，「結果」から文章をそのままコピーするのではなく，得られたデータの中から特に重要なもの，考察の中で言及するものに重きを置いて記述するとよい。そして，序論で書いた仮説や結果の予測が実験・調査の結果によって支持されたかどうかを得られたデータと対応づけながら説明する。なお，《考察》で実験結果に言及するときは原則として検定結果に支持された事実のみを扱うので，「有意な差があったことから…」などと検定に関する表現は用いず，「○○条件の反応時間が△△条件よりも長かったため…」「□□効

果が認められたことから…」のように書く。

　その後は得られたデータ・事実のうち，議論の対象となるものを指摘し，議論を展開する。必要に応じて《結果》に示した図表，あるいは先行研究の結果と比較する。加えて，実験・調査の方法に問題がなかったかを検討し，（もしあれば）問題点やその解決方法を具体的に指摘する。これらの議論は，単に推測や思いつきによるのではなく，得られたデータや先行研究の結果など具体的な事実に基づいて行なわれなければならない。たとえば予測された結果が得られなかった理由をあげる際に，単に「被験者数が足りなかった」では不十分である。それが真に問題点であると考えるのであれば，同様の実験を行なっている先行研究を示しその被験者数や効果量と比較するなどして，論拠を明らかにして議論しなければならない。

4 節　図表について

　研究レポートにおいて図や表は主に《結果》の章で得られたデータを理解しやすいように提示するために用いられるが，それ以外でも実験装置や実験刺激の形状，実験手続きのフローチャートや，試行内のイベントの流れなど，文章の記述だけではわかりにくいものを説明するためにも用いられる。一つのレポートに複数の図・表・写真を載せてもかまわないが，同じ情報が複数の図表に重複して提示されないようにする。図表に示す意義は，あくまで読者の理解を助けることであるので，わかりやすくかつ簡潔に示すことを心がける。示す情報の内容によって，どのような図や表を作成すべきなのかは変わってくる。常に読者の立場に立って，どのような情報提示がわかりやすいかを考えることが大事である。

1　図（Figure）

　図には通し番号をつけ，文中で最初に参照されたページに配置する。図の下部にはキャプション（説明文）をつける。キャプションは図の内容を的確かつ簡潔に示す内容でなければならない。文中では「Figure 1」あるいは「Fig. 1」

22　　第 I 部　実験法の基礎

というように参照し，図が配置されていないページから参照する場合にはページ数を併記する（たとえば，「このことは Figure 1（15 ページ参照）に示されており…」）。

　実験データなどの数値を視覚的に示したい場合にはグラフを作成し，図として掲載する。グラフには線グラフや折れ線グラフをはじめとしてさまざまな種類があるが，示したいデータ形式に応じて適切なものを選ぶ必要がある。図示する際の形式（グラフの種類）は，そこで示されるデータと理論的に整合していなければならない。たとえば，折れ線グラフの横軸は，順序があり等間隔な値をとるのが原則であり，非連続的・名義的なカテゴリーを恣意的に横軸に並べて図示するのは間違いである。

　グラフの作成には Excel などの表計算ソフトを用いることが多いが，ソフトが出力する図はそのままでは不適切な箇所が多い。図を作成する際には，①どうしてもカラーが必要な場合を除き，白黒で作成すること，②外枠や背景色は不要なので取り除く。それ以外にも不要な線は消去すること，③縦軸・横軸の目盛りは軸の外側につけること，④軸ラベルの文字の大きさを読みやすいように調整すること，⑤無意味な装飾（3D 化・シャドウなど）は使用しないこと，などに気をつける。

　グラフでデータを示す際には，一目で理解しやすいようにデザインにも気をつける。たとえば，折れ線グラフでは線種やシンボルを条件ごとに変えることで，読者が理解しやすいグラフを描くことができる。複数のグラフに同じ条件・群のデータを示すときには，条件・群と線種（棒グラフの場合はバーの色・パターン）・シンボルの組み合わせを統一するとよい。

　実験データを示す場合には，棒グラフではバー，折れ線グラフではマーカーにエラーバーをつけ，測定の確からしさを示すのが一般的である。エラーバーで示す値として，標準偏差，標準誤差や信頼区間などが用いられることが多い。エラーバーが何を示しているかは，図のキャプションと本文に記載すること（たとえば，「Figure 1. 協力条件と競争条件の平均反応時間。エラーバーは標準誤差を示す。」）。図 2-1 は「執筆・投稿の手引き」における図の作成例である。

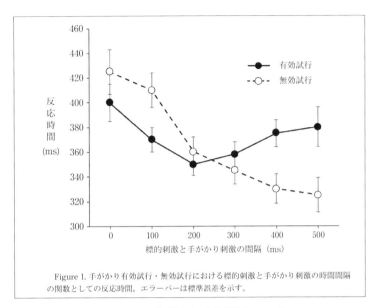

図 2-1　図の作成例（日本心理学会，2015）
図はできるだけシンプルに，わかりやすく作成することを心がける。

2　表（Table）

　表には通し番号をつけ，文中で最初に参照されたページに配置する。表の上部には，表の内容を的確に示したタイトル（題名）をつける（中央揃え）。説明文が必要な場合は，タイトルの後ろではなく，表の下に注釈として示す。図に付けるキャプションと違って，表のタイトルは文章ではないので，句点（。や.）は必要ない。

　表を作成する際には，①むやみに罫線を使用せず，必要な罫線のみに絞る，②横罫のみを用い，縦罫は用いない，③数値を表記する際は，左右位置を小数点の位置で揃え，小数点以下の桁数を統一する，④数値の単位は，表の中見出しに記入するか，タイトルの後ろに（）に入れて表記する，⑤相関係数のように数値がすべて1以下の場合には，0を省略し小数点と小数点以下の数値のみを記入する，⑥表中に略語，略号，記号を用いるときは注釈で説明する，などに気をつける。

5 節　文献の引用について

　研究レポートの中で先行研究の内容について引用・言及する際には，その文献・書籍の情報を正しい形式で記載する必要がある。引用文献の書式には細かいルールがあり，また学術雑誌などによって異なった書式を採用していることも多い。ここでは，日本心理学会（2015）の「執筆・投稿の手びき」に準拠して記述する際の主要なポイントに絞って説明する。詳細については「執筆・投稿の手びき」を参照のこと。

1　本文中での引用

　本文中で文献を引用するときは，著者名(姓)の後に刊行年を添えて記述する。本文中に文章として引用する場合には「小川（2016）によれば…」「Sato（2014）は…」などと書く。括弧内に示す場合には「…ことを示した（今田，1981）。」「…と考えられる（Shimazaki, 1996）。」などと書く。括弧内に複数の文献を列挙するときはセミコロン（;）で区切る（順序は第 1 著者のアルファベット順）。

　著者が 2 名以上の場合は，日本語文献では中黒（・）で，英語文献ではカンマ(,)とアンパサンド（&）で結ぶ（たとえば，「鈴木・八木（1998）は…」「Hirokawa, Yagi, & Miyata（2002）によると…」）。著者が 3 〜 5 名の場合は，初出時には全著者名を書き，2 回め以降は第 2 著者以降を日本語文献では「他」，英語文献では「et al.」と略記する（「et al.」はラテン語で「およびその他」を意味する「et alia」の略）。著者が 6 名以上の場合には，初出時から第 2 著者以降を「他」「et al.」で省略する。

　翻訳書を引用する際には，原書の刊行年，訳者，翻訳書の刊行年を併記する。本文中に文章として入れる場合には「Mazur（1996 磯・坂上・川合訳 2008）によると…」などとし，括弧内で示す場合には「…ことがわかっている（Mazur, 1996 磯・坂上・川合訳 2008）。」などと書く。

2　引用文献リスト（References）

　研究レポートの中で参照した文献は，必ず《引用文献》にリストアップし，

第 2 章　研究レポートの書き方　　25

巻末につける。ここであげられる文献はたとえば「小川（2016）によれば…」などと文献の内容について直接言及されたもののみを指し，研究レポートの執筆に参考にした文献や辞典・図鑑などをあげる必要はない。本文中に引用した文献はすべて《引用文献》に載せ，《引用文献》に載せた文献はすべて本文中で言及していることが重要である。

(1) 配列順序・体裁

　日本文献の著者名は姓，名の順に書き，姓と名の間には半角スペースを挿入する。共著の場合は，各著者は中黒（・）で分ける（たとえば，「小川 洋和・佐藤 暢哉・三浦 麻子」）。外国語文献の著者名は，姓を先に書き，カンマとスペース（, ）を挟んで，ファミリーネーム，ミドルネームのイニシャルの順に記す。イニシャルの後ろにはピリオドが必要である。複数著者がいる場合には，著者の間はカンマとスペースで結び，最後の著者の前にはカンマとアンパサンド（, & ）をおく（たとえば，「Ogawa, H., Sato, N., & Miura, A.」）。

　リストにあげる文献の順序は，基本的には第一著者の姓のアルファベット順である。日本語の文献についても，第一著者の姓をローマ字表記した際の位置に置く（日本語とそれ以外の言語の文献を分けて記載しない）。第一著者が同じで第二著者が異なる論文は，第二著者の姓のアルファベット順で並べる。著者が同一で刊行年が違う論文は，古いものから順に記載する。同一刊行年の場合は，刊行年の直後にアルファベット小文字（a, b, c, …）を付して区別できるようにし，本文中で引用する際もアルファベット小文字をつけて言及する（たとえば，「小川（2014a）によると…」）。ある著者の単著である論文と，その著者が第一著者で共著者がいる論文がある場合には，単著のものを先に記載する。

　また各文献がはっきりわかるように，1つの文献の表記が2行にわたる場合には，2行目以降を半角4文字分字下げする。

(2) 各文献の記載方法

　文献リストに記載する文献はその形式によって記載方法が違っている。雑誌論文であれば，著者名，刊行年，タイトル，雑誌名，巻数，開始と終了のページ番号が必要となる。単行本の場合は，著者名，刊行年，書籍名および出版社（欧

文図書の場合は出版社の場所）が必要となる。したがって，文献をコピーする場合には本文だけではなく，これらの情報も合わせて入手しておかなければならない。以下，代表的なものについて具体的な記載方法を解説する。

①和文雑誌論文

村山 綾・三浦 麻子 (2015). 被害者非難と加害者の非人間化——2種類の公正世界信念との関連—— 心理学研究, *86*, 1–9.

巻号はイタリックで表記する。各巻でページ番号が通しでつけられている場合には号数は記載しなくてよい。各号でページ番号が独立してつけられている場合には，巻数の後に号数を括弧内に入れて記載する。

②欧文雑誌論文

Higuchi, Y., Ueda, Y., Ogawa, H., & Saiki, J. (2016). Task-relevant information is prioritized in spatiotemporal contextual cueing. *Attention, Perception, & Psychophysics, 78,* 2397–2410.

巻号の表記方法については和文雑誌と同様である。雑誌名はイタリックで表記し，主要語の頭文字は大文字とする。オンラインのデータベースなどの出力では雑誌名が省略された表記になっていることがあるが，その場合は雑誌のWebページなどを検索して正式名称で表記すること。

③和文図書

横澤 一彦 (2010). 視覚科学 勁草書房

刊行年や出版社に関する情報は本の巻末にある「奥付」と呼ばれる部分に書いてある。

④欧文図書（原著）

Bruce, V., & Young, A. (2012). *Face perception.* UK: Psychology Press.

書名をイタリックにする。雑誌名と違い，書名は文頭と固有名詞のみ頭文字を大文字にする。出版地は，出版社の所在地の都市名および国名（アメリカの場合は州名を略号で示す）を記載する。なお，初版以外は版数を書名の後ろに( )に入れて記す（たとえば，第3刷の場合は「(3rd ed.)」）。

第2章 研究レポートの書き方 27

⑤欧文図書（原著・章）

Rizzolatti, G., Riggio, L., & Sheliga, B. M. (1994). Space and selective attention. In C. Umiltà & M. Moscovitch (Eds.), *Attention and performance XV* (pp.231–265), Cambridge, MA: MIT Press.

　書名の前に編集者を示して，複数の場合は (Eds.)，単数の場合は (Ed.) と記す（Ed. は編集者 editor の略）。編集者名は著者と違って，名のイニシャル，姓の順で示すことに注意。

⑥欧文図書（翻訳書）

Koch, C. (2012). *Consciousness: Confessions of a romantic reductionist*. Cambridge, MA: MIT Press. （コッホ , C.　土谷尚嗣・小畑史哉（訳）(2014). 意識をめぐる冒険　岩波書店）

　原著の後に翻訳書を記す。原著に関する情報は，扉裏ページや「訳者あとがき」などに掲載されていることが多い。

　[編集注記]

　　本章で紹介したレポートおよび論文執筆の規定と，本シリーズで採用している体裁には，若干の違いがある。

第 2 部

感 覚 ・ 知 覚

第 2 部ではヒトの感覚・知覚に関する実験について解説する。感覚や知覚の強度や質は外から直接測定することのできない心理量である。これを実験的に測定するための手法について説明し，実際に実習をとおして体験する。それによって，ヒトの感覚・知覚のメカニズムを明らかにするための実験実施に必要な基礎的な知識を身につけることを目指す。

第 **3** 章

Chapter 3

ミューラー・リアー錯視

　私たちが見ている世界は，実際に存在する物理的な世界とは一致しておらず，常になんらかのズレが存在している。このズレはいくら注意深く対象を観察してもなくなることはない。知覚された対象の心理的特性と客観的に測定できる物理的な特性が食い違う現象を錯覚（illusion）と呼び，特に視覚における錯覚を錯視（optical illusion あるいは visual illusion）と呼ぶ。

1節　背景

1　錯視とは

　錯覚は古くから研究が行なわれ，発見者の名前を冠したさまざまな錯視が考案されてきた。図 3-1 に示されるような平面図形の幾何学的特性（大きさ・長さ・形・方向・角度など）が実際とは異なって知覚される錯視は**幾何学的錯視（geometrical illusion）**と呼ばれる。この他にも，動画において見られる運動視錯視や，視覚と聴覚など複数の感覚間の相互作用で起こる錯覚的現象も多く存在している。錯視は特定の図形に対してのみ生じる特殊な問題ではなく，日常生活の中で生じているさまざまな知覚のズレを反映していると考えられてい

30　第 2 部　感覚・知覚

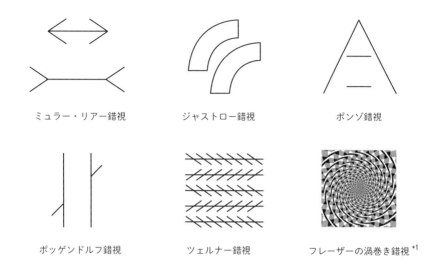

図 3-1　幾何学図形の例

る。そのため，錯視がどのようにして発生するのかを明らかにすることで，私たちの視知覚のメカニズムの解明につながるとして，多くの研究が行なわれてきた。図 3-1 にある**ミューラー・リアー錯視**（Müller-Lyer illusion）は，ドイツの医師ミューラー・リアーが 1889 年に報告したもので，数多く存在する幾何学図形の中でも最も注目されてきた錯視の一つである。線分（主線）の両端に矢羽根のような斜線をつけると，先端が内側を向いている矢羽根にはさまれた線分（内向図形：図 3-1 上）は実際の長さよりも短く，先端が外側を向いている矢羽根にはさまれた線分（外向図形：図 3-1 下）は実際の長さよりも長く見える。そのため，2 つの線分は物理的には同じ長さであるにもかかわらず，長さが異なって知覚される。

　ミューラー・リアー錯視の錯視量は，矢羽根の角度や長さなど図形の幾何学的特徴によって影響を受けることが知られている。本章では，主観的に感じている錯視の強さ（錯視量）を実験によって測定する方法を学ぶ。

2　心理物理学的測定法

(1) 精神（心理）物理学とは

　錯視量とは，対象の長さなどの物理量と，私たちが知覚する「長さ」との差であると定義することができる。線分の長さは，線分にものさしを当てて測ることができる。一方，私たちの知覚した「長さ」は，どのようにして測定することができるのだろうか。

　人間の感覚や知覚を実証科学の枠組の中で検討するためには，外部からは直接測定できない大きさや重さなどの心理的な量的概念を定量化して分析するための研究パラダイムが必要となる。それが，**精神物理学（psychophysics）**である。19世紀のドイツの物理学者・哲学者である**フェヒナー**（Fechner, G. T.）は，物理量である刺激と心理量である感覚の間の対応関係を測定し，その関数関係を明らかにしようとする学問，すなわち精神物理学を創始した。精神物理学が発展する中で感覚・知覚内容の測定法が開発され，実験心理学の成立に大きく貢献したと考えられており，また現在にいたっても有効な測定法として利用されている。

　なお，psychophysicsを日本語で表記する場合，フェヒナーが提案した学問は「精神物理学」と表記されるが，その後さまざまな発展を経て，現在感覚・知覚の研究分野として存在する学問領域およびその手法を指す場合には「心理物理学」と表記される。

(2) 刺激閾・弁別閾・主観的等価点

　精神物理学において最も重要な概念は，**感覚閾（sensory threshold）**である。感覚閾はさらに，**刺激閾（stimulus threshold）**と**弁別閾（difference threshold）**に分けられる。

　たとえば，細かく音量を調整できるミュージックプレイヤーにイヤホンをつないで音楽を聴いているところを想像してほしい。最初は音量が0段階であればイヤホンから何も聞こえないが，そこから少

音が聞こえるための「刺激閾」，音の変化を感じるための「弁別閾」

しずつ音量を上げていくとあるタイミングで音楽が聞こえはじめる。この感覚を引き起こすのに必要な最小の刺激強度のことを刺激閾と呼ぶ。刺激閾は，**検出閾 (detection threshold)** あるいは**絶対閾 (absolute threshold)** とも呼ばれる。

さらに，刺激閾以上の音量で音楽を聴いているときに，誰かがあなたに知らせずに1段階ボリュームを下げたときを想像してほしい。音量の変化がとても小さい場合には音量が変化したことに気づかないかもしれない。しかし，2段階，3段階と下げているうちにいずれかのタイミングで音量が下がっていることに気づくはずである。このように，刺激強度の違いに気づくために必要な変化量を弁別閾と呼ぶ。また，このときに感じている感覚の違いを**丁度可知差異 (just noticeable difference:jnd)** と呼ぶが，弁別閾と同じ意味で用いられることもある。

もう一つ，重要な概念として**主観的等価点 (point of subjective quality：PSE)** がある。これは，2つの刺激を比較したときに，2つの刺激強度が同じに知覚される物理量のことである。たとえば，ミューラー・リアー錯視を例にとってみると，内向きの矢羽根のついた線分（図3-1の上）は，矢羽根のついていない線分と比べると，物理的には同じ長さであっても，それよりは短く見える。ここで，矢羽根のついていない線分の長さを少しずつ短くしていくと，どこかで2つの直線の長さが同じに感じられるポイントがある。これが主観的等価点である。主観的等価点における2つの刺激の長さの差は，そのとき感じている錯視の強さ，つまり錯視量と対応していると考えられる。つまり，主観的等価点を求めることによって，本来直接測定することのできなかった錯視量という心理量を測定することができるのである。

(3) 調整法・極限法・階段法・恒常法

閾値や主観的等価点を求める方法として古典的に用いられている心理物理学的測定法には，調整法，極限法，階段法，恒常法の4つがある。この中では，調整法から恒常法の順に，被験者の負担が増えていくが，測定の正確さはあがっていく。それぞれに利点と欠点があるので，目的に応じて使い分けることが必要となる。

①調整法　**調整法 (method of adjustment)** は，被験者自身が刺激を操作して

刺激閾や主観的等価点（以下，PSE）を見つける方法である。ミューラー・リアー錯視の錯視量の測定に用いる場合，矢羽根のついた直線を標準刺激，矢羽根のついていない直線を比較刺激として呈示し，比較刺激の長さを調整して，標準刺激と同じ長さになるところで調整をやめる。そのときの比較刺激の長さが一つのデータとなる。複数回調整をして，値の平均値や中央値がPSE の値となる。

　この方法は簡便であり被験者も理解しやすいことが利点であるが，被験者がどのような基準に基づいて判断しているのかが不明であり，測定の正確さには疑問が残る。また，調整には時間がかかるため，知覚的な残効など短時間で消去してしまう現象の測定には利用できない。また，刺激は連続的に変化できるものに限られる。このように多くの問題はあるが，本格的な実験の前に閾値や PSE の存在する範囲にあたりをつける際など，予備的に測定する際には有用な手法である。

②極限法　極限法（method of limit）は，調整法と違って被験者自身によって刺激を操作するのではなく，実験者が連続的に刺激を変化させて，被験者の判断を求める方法である。刺激の物理量を求めたい閾値や PSE の値よりも極端に大きい値から始める下降系列と，逆に求めたい値よりも極端に小さい値から始める上昇系列の 2 つの刺激系列を用いる。

　たとえば，ミューラー・リアー錯視の PSE の測定に極限法を用いる場合，下降系列においては標準刺激（矢羽根図形）に対して極端に長い比較刺激（直線）を呈示し，どちらが長いかを判断させる。比較刺激のほうが短いと反応した場合には，比較刺激をあらかじめ決めておいた分だけ短くして呈示し，判断を求める。これを繰り返していき，判断が変わったところで測定を終了する。このとき判断が変わった値と変化の直前の値を平均した値を反応変化点とすることが多い。この一連の手続きを，下降系列と上昇系列を交互に複数回行ない，得られた反応変化点を平均した値を PSE とする。

　極限法は，調整法から被験者自身による刺激操作を除くことで，測定の正確さを向上させようとしたものである。極端な値からスタートするため，求めようとする閾値や PSE がどこにあるのかが未知の場合にも適用しやすい。ただし，刺激系列を連続的に変化させていくため，被験者の予期や期待など

のバイアスによる誤差が生じやすい。被験者が実際の閾値に到達する前に応答の変化を報告してしまうと，上昇系列では閾値が実際よりも小さく，下降系列では実際よりも大きな値になってしまう。あるいは，被験者が系列内で反応を繰り返すことによって，実際には感覚が変化しているにもかかわらず，直前の反応を繰り返してしまうことも考えられる。いずれの誤差についても，上昇系列・下降系列を繰り返すことによって相殺できると考えられるが，前提として系列の方向によって誤差が変動しないという仮定をおく必要がある。実験課題によっては，被験者が課題を行なう際に特殊な方略を用いる可能性もあるので，実験前にどのような測定方法が適切なのか，十分考慮することが重要である。

③階段法　極限法を発展させ，もっと少ない試行数で効率的に測定を行なうために開発されたのが**階段法（staircase method）**である（上下法と呼ぶこともある）。階段法では，上昇系列あるいは下降系列のいずれかで刺激を呈示し，被験者の反応が変化するところまで連続的に刺激強度を変化させるところまでは，極限法と同様である。しかし，反応の変化点で系列を終了させるのではなく，刺激強度の変化方向を逆にして試行を続けるのが極限法と違うところである。つまり，下降系列でスタートした場合，反応が変化した時点で，今度は上昇系列を開始する。そしてまた判断が変化したら，次は下降系列を開始する。あらかじめ決められた回数，反応の変化点が得られたらそこで測定を終了し，反応変化点の平均を閾値や PSE とする。このとき，最初の数回の反応変化点は不安定であるため，除外することが多い。

　階段法は測定の精度を保ったまま，試行回数を節約することができるため，知覚研究ではよく用いられる方法である。極限法と同様に，求めようとする閾値や PSE が存在する範囲についてまったく知識をもたない場合にも利用できるメリットもある。ただし，調整法や極限法と同様に，連続的に刺激を変化させるため，被験者のバイアスや系列効果が生じる可能性がある。これを避けるために，2 つの系列を同時に走らせて，試行ごとに交互に呈示するなどの工夫が必要になることもある。

④恒常法　**恒常法（method of constant stimuli）**はこれまで紹介してきた 3 つの方法とは異なり，刺激を連続的に変化させるのではなく，毎回刺激をラ

ンダムに変化させることが特徴である。たとえば，ミューラー・リアー錯視のPSEを恒常法で測定する場合，標準刺激（10 cmの矢羽根図形）に対して比較刺激（矢羽根のない直線）の長さを4, 6, 8, 10, 12, 14, 16 cmというように等間隔に設定し，毎回の試行ではこの比較刺激の中から1つを選択して呈示する。被験者は標準刺激と比較刺激のいずれが長いかを判断することを繰り返す。たとえば，比較刺激のそれぞれの長さに対して20回測定を繰り返したとすると，合計で140試行の実験となる。それぞれの比較刺激に対して「標準刺激よりも長い」と反応した回数を繰り返した回数で割ると「長い」反応の割合を求めることができる。縦軸に反応割合を，横軸に比較刺激の長さをとって，データをプロットすることによって，ある比較刺激に対して，どの程度の確率で比較刺激が「長い」（あるいは「短い」）と反応するかを推定することができる。すなわち，反応割合がちょうど0.5になる比較刺激の長さをPSEと定義するのである。

　ただし，比較刺激の長さは離散値であるため，ちょうど割合が0.5になるところにプロットがないこともよくあることである。そのため，実験データによく当てはまるS字形の関数（累積正規分布がよく用いられる）を求めて，離散的なデータの間を補完する。これによって，ちょうどPSEにあたる比較刺激の長さを推定することが可能になる。この関数は**心理測定関数**

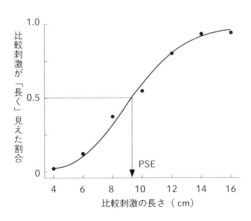

図 3-2　心理物理関数の例

(psychometric function）と呼ばれ，関数の傾きや横の位置からさまざまな情報を読み取ることができる（図 3-2）。なお，この**曲線あてはめ**は，市販のグラフ作成用のソフトウェアで行なうことができるが，無料の統計分析プログラムである HAD（清水裕士氏作成；詳細は http://norimune.net/had を参照のこと）でも行なうことが可能である。

　恒常法では，刺激をランダムな順序で呈示するため，被験者の期待や知識によるバイアスを排除することができ，4 つの方法の中では最も厳密に閾値や PSE を測定することができるとされている。ただし，一つの測定値を得るために膨大な試行数が必要になることは大きなデメリットである。また，測定しようとしている閾値や PSE をカバーする範囲に刺激を設定しなければならないため，実験開始前には他の手法を使って，あらかじめどこに測定する値が存在するのかというあたりをつけておく必要がある。

2 節　実習

1　目的
　ミューラー・リアー錯視の錯視量は，矢羽根の角度や長さなど図形の幾何学的特徴によって影響を受けることが知られている。本実習では，ミューラー・リアー錯視において矢羽根の長さが錯視量に与える影響を，調整法を用いて PSE を測定することで検討する。

2　方法
(1)　被験者
　日常の生活に支障のない視力（コンタクトやメガネによる矯正視力も含む）をもつもの。実習授業中に実験を行なう際は 2 人 1 組で交互に実験者と被験者を行なってもかまわない。

(2)　実験計画
　独立変数として矢羽根の長さを 3 種類（15 mm, 30 mm, 45 mm）設定し，

これを被験者内要因として測定を行なう1要因3水準の実験計画を実施する。調整法を用いて各被験者にPSEを報告させ，その長さを従属変数として測定し，錯視量を算出する。

実験では，明らかに比較刺激が短く見えるところからスタートし徐々に長くなるようにスライドさせる上昇系列と，比較刺激が明らかに長いポイントから徐々に短くなるようにスライドする下降試行を設定する。矢羽根の長さは3種類あるため，上昇・下降との組み合わせで6種類の試行種類ができる。これらの試行種類を呈示する順序はランダムに呈示する。さらに，測定の信頼性を高めるために，この6種類の試行種類を反復して複数回行なう。反復回数は多いほうが安定した測定値を求めることができるが，実験時間が長くなると被験者の疲労や飽きの問題も発生する。今回の実験に関しては，2回あるいは3回程度で十分と思われる。

(3) 実験装置

実験装置は，厚紙などを使って作成する（図3-3参照）。刺激は，3種類の標準刺激と比較刺激である。まず標準刺激は，矢羽根のついた直線で，主線の

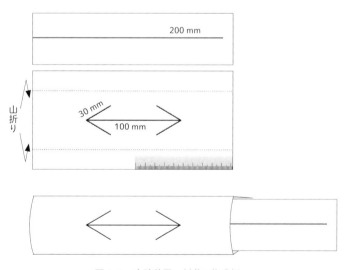

図3-3　実験装置・刺激の作成例

長さは 100 mm とし，矢羽根の角度は 30°とする。矢羽根の長さは 15 mm, 30 mm, 45 mm の 3 種類を設定しているので，長さを変えたものを 3 つ作成する。比較刺激は 200 mm の長さの直線とする。

　標準刺激は，厚紙の上下を山折りにして折り込み，そこにぴったり収まるように比較刺激の厚紙をカットし，スライドして調整できるようにする。比較刺激の裏側にものさしを貼り付けるなどして，調整された線の長さを目視で測定できるようにする。

(4) 手続き

　被験者には作成した装置を見せながら，以下のような教示を行なう。「今からこの装置を使って，矢羽根のついた直線と同じ長さになるように，こちらの直線の長さを調整してもらいます。明らかに直線が長い，あるいは短い状態で装置を渡しますので，ゆっくりスライドさせて調整してください。同じ長さに見えるところで，こちらにその装置を渡してください。行き過ぎたときは，逆の方向に戻してもかまいません。急がなくてかまいませんので，できるだけ正確に調整できるようにしてください」。他にも，刺激を傾けたりせずに一定の距離・角度で刺激を観察すること，刺激の一部のみではなく全体を見て判断することなど，必要と思われる説明を各自で考えてつけ加えるとよい。視距離は実験を行なう環境にもよるが 30 ～ 50 cm 程度に設定し，すべての被験者において一定になるように注意すること。他にも刺激の向き（比較刺激を被験者の左右どちらに呈示するか）など，実験を行なう前に決めておくことをしっかり洗い出してから実験実施に取りかかること。

　被験者に装置を渡し，被験者が自身で比較刺激をスライドし，標準刺激と同じ長さに見えるポイントで止めさせる。被験者が調整を終えて装置を実験者に戻すまでを 1 試行とする。被験者に装置を渡すときには，毎回少しずつ操作の開始位置が変化するように，主線が書かれた紙を差し込む程度を変えるとよい。実験者は装置の裏面にある目盛りを読み取って，図 3-4 のような記録用紙に各試行の結果を記入していく。被験者ごとの各試行でどの条件（矢羽根の長さ）を呈示するかは，あらかじめランダマイズしたものを記録用紙に記入しておく。試行順序のランダマイズは，トランプカードを使う方法，Excel の rand 関数

系列		矢羽根の長さ					
		15 mm		30 mm		45 mm	
		試行順	錯視量	試行順	錯視量	試行順	錯視量
上昇系列	1 回め						
	2 回め						
下降系列	1 回め						
	2 回め						

		15 mm	30 mm	45 mm
平均値（標準偏差）	上昇系列	( )	( )	( )
	下降系列	( )	( )	( )
	全体	( )	( )	( )

図 3-4　記録用紙の例 **DL**

で発生させた乱数でソートする方法などがある。

　実験終了後，内省（実験中に気がついたことなど）報告を求め，記録しておく。

3　結果の分析

　まず各被験者のデータの分析を行なう。6 種類の試行種類ごとに，反復回数分のデータ（調整した線分の長さ）がある。まず，これらを錯視量に変換し（報告された長さから主線の長さである 100 mm を減算する），その後で 3 つの矢羽根の長さごとに上昇系列・下降系列の値を平均し，その条件の代表値とする。

　すべての被験者のデータ集計が終わったら，各条件の錯視量の平均と標準偏差を算出し，表に集計する。これをもとに，横軸に条件（矢羽根の長さ），縦軸に錯視量をとって折れ線グラフに図示する。

　統計的検定は，1 要因 3 水準の分散分析によって行なう。主効果があった場合は，さらに多重比較を行ない，3 つの矢羽根の長さのどことどこの間に差があったのかを確認する。

4　考察のヒント

　分析によって，矢羽根の長さによる錯視量の変化が確認できたはずである。矢羽根が長くなるにつれて，錯視量が増加あるいは減少している場合は，その理由について考察してみよう。個人データの上昇系列・下降系列の回答値を検

40　第 2 部　感覚・知覚

討し，違いがないか確認しよう．もし，全体として大きく値が異なっているようなら，これを要因に加え2要因の分散分析を行なってみてもよい．実験全体をふり返って，実験実施の手順に改善すべき点がなかったかについても考察する．その際は，被験者から得られた内省も参考にする．

3節　解説と発展

　ミューラー・リアー錯視は古くから知られた有名な錯視であるが，どのようにして生じているかについては複数の説がある．その中で最も広く受け入れられているのは**グレゴリー（Gregory, R.）**が提案した線遠近法による説明である．線遠近法とは奥行き知覚の絵画的手がかりの一つで，一点に収束する複数の線を描画すると，奥行きの感覚を伴ってそれらが三次元空間における平行線であると知覚する．グレゴリーはこれによって，ミューラー・リアー錯視をはじめとした幾何学図形が説明できるのではないかと考えた．たとえば，ミューラー・リアー錯視の場合，図3-5に示されるように，内向図形はビルの角を外から見た場合に相当し，外向図形は部屋の奥の隅を部屋の中から見た場合に相当すると考えることができる．これらの直線の網膜上の長さが同じである場合，

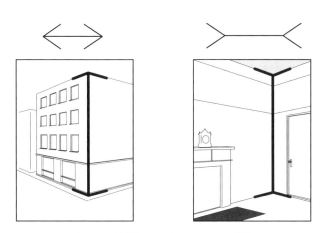

図3-5　遠近法によるミューラーリアー錯視

実際の長さは，奥にあるものが手前にあるものよりも長いことになる。そのため，奥行き手がかりによって遠くにあると知覚されたものは網膜像から想定されるサイズよりも大きく，手前にあると知覚されたものは小さく感じられるという傾向を私たちが有しており，それによって錯視が生じるのであると説明された。つまり，網膜に映し出された像の内容から，想定される実際のサイズに近づく方向に知覚が変容する大きさの恒常性がはたらいていると考えることができる。錯視の原因が奥行き知覚の手がかりによって引き起こされた**大きさの恒常性**によるものとするグレゴリーの説は注目を集め，多くの研究によって実験的検討がなされている。錯視が単なる知覚の歪みではなく，日常生活において外界をより正確に把握するために役に立つ知覚的処理を反映しているとする考え方は非常に興味深い。ただし，大きさの恒常性の心的メカニズムが解明されていないため，錯視をそれによって説明しても，錯視の原因が解き明かされたわけではないという批判もある。また，このグレゴリー説以外にも，眼球運動が原因であるとする説や，刺激の低空間周波数成分が重要な役割を果たしているとする説なども提案されているが，それぞれに対して支持する結果，支持しない結果の両方が報告されている。

　ミューラー・リアー錯視をはじめとしたさまざまな錯視は，単一の原因によって生じるのではなく，複数の原因が組み合わさって生じると考えられる。そのため，錯視の生起メカニズムを解明することは容易ではない。しかし，錯視がなんらかの適応的な知覚処理の結果を反映しているのであれば，錯覚を調べることによって，知覚処理全体を明らかにすることにつながると考えることができる。

　なお，ミューラー・リアー錯視の刺激要因（矢羽根の角度・サイズ・形状）などを変化させた場合に錯視量がどのように変化するかについては『新編 感覚・知覚心理学ハンドブック』に詳しく紹介されている（大山・今井・和氣，1994，pp. 688-692）。参照して，今回の実験結果と比較してみるとよい。

註

　＊1　https://en.wikipedia.org/wiki/File:Frasers.gif

触二点閾

　朝，窓から入ってくる朝日で目が覚める。シーツの感触を楽しみながらベッドの中でまどろんでいると，キッチンから母親が呼ぶ声がして，朝食のいいにおいがただよってくる。そんな子どもの頃の思い出をもっている人もいるかもしれない。私たちは，自分の身の回りの世界がどのようになっているのかを，感覚器官をとおしてさまざまな種類の物理刺激を受け取ることで知ることができている。視覚，聴覚などの感覚種類のことをモダリティ（感覚様相）と呼び，それぞれのモダリティで異なった種類の物理情報を受け取っている。そのモダリティの一つが触覚である。本章では，触覚の感度の指標とされている**触二点閾**（two-point touch threshold）を，心理物理学的測定法を用いて測定する方法を学ぶ。

1節　背景

　触覚は皮膚に与えられた圧力や振動などの機械的刺激を検知する感覚モダリティである。触覚に，温度感覚や痛覚の皮膚感覚，さらに体の関節や筋・腱の動きを知覚する**固有感覚**（proprioception）をまとめて，**体性感覚**

(somatosensation) と呼ぶこともある。触覚は検知する対象が皮膚に物理的に接触していることによって生じる感覚であることからもわかるように，生物の生存にとって非常に重要な感覚である。

触覚の感覚器は，皮膚の中に存在する皮膚感覚受容器である。圧力や振動といった刺激は**機械受容器**（mechanoreceptor）と呼ばれる神経組織によって電気信号に変換され，脳に伝えられる。機械受容器には**マイスナー小体，メルケル盤，パチニ小体，ルフィニ終端**があり，それぞれどのような刺激に対して最もよく反応するかが異なっている。

私たちの触覚は体の部位によって感度が異なっていることがよく知られている。触覚の**空間分解能**（位置的に接近した2点を独立した2点として見分ける能力）を調べるための方法として古典的によく用いられるのが，触二点閾で

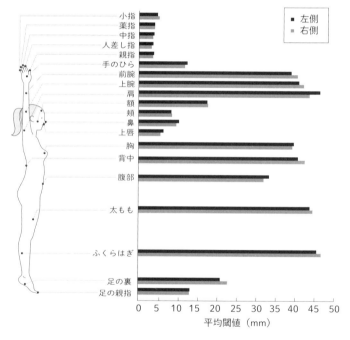

図4-1　ウェインスタイン（Weinstein, 1968）の測定によって示された，体の部位による触二点閾の違い（Wolfe et al., 2009より作成）

ある。たとえば製図用のコンパスなどを用いて皮膚の表面に触れるときに，先端の2点の間隔がある程度以上に広ければ2点と感じることができる。しかし，この間隔が徐々に狭くなってくると，あるところで2点と感じることができなくなる。触覚として2点を2点として感じるために必要な距離の臨界点を触二点閾と呼ぶ。

　触二点閾は測定する体の部位で大きく異なる。図4-1に示すように，指先であれば2点の間隔が非常に近くても2点と判断することができるが，手首ではより大きな間隔で刺激しなければ2点と判断することができない。一般的に，手の指先・顔・足の指先など身体の先端部分で触二点閾の値が小さくなる傾向がある。体の部位によって触覚の感度が異なる理由は，末梢（皮膚）に由来する原因と中枢（脳）に由来する原因の2つで説明できると考えられている。皮膚に含まれる機械受容器の密度は部位によって異なっていることがわかっており，受容器の密度が高いほど，その体部位の感度が高くなる。たとえば，手の中では，指先，指の付け根，手のひらの順に触二点閾が大きくなるが，これは機械受容器のうちメルケル盤の密度分布と対応している。また，脳においても体部位による違いがある。触覚情報は大脳の頭頂部にある第一次体性感覚野および第二次体性感覚野で処理される。体性感覚野に末梢から投射される皮質上の位置は身体上の位置とおおよそ対応しており，身体上で隣接する部位の情報は皮質上でも隣接される位置に投射されることが知られている。この特性を**体部位再現性（somatotopy）**と呼ぶ。また，体部位によって対応する脳部位の広さが異なっており，末梢などの触覚感度の高い部位には広い脳部位が割り当てられている。つまり，より多くの神経細胞が対応する部位は感度も高くなる。

　本章では触二点閾を心理物理学的測定法の一つである極限法を用いて実際に測定してみる。

2節　実習

1　目的

　心理物理学的測定法の一つである極限法を用いて，触二点閾を実際に測定す

第4章　触二点閾　45

る。さらに，異なった体部位で閾値を測定し，実際に体部位による触覚感度の違いを確認する。

2 方法

(1) 被験者

実験者と被験者がペアになって行なう。実習の授業では，交互に役割を交代して行なうとよい。

(2) 実験器具

実験器具として，スピアマン式触覚計を用いる。なければ，ノギスやコンパスの先に爪楊枝を付けたものでも代用できる（図4-2）。爪楊枝の先をやすりなどで削って丸くし，皮膚を傷つけないように注意すること。

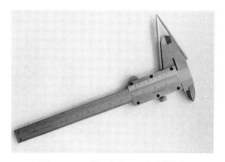

図 4-2　ノギスを利用した触覚計

(3) 測定部位

どの部位を測定してもよいが，ここでは測定しやすい前腕部の外側部を例にあげて説明する。被験者は椅子にすわり，手の甲を上にして，右手を机の上に出す。実験者は手首から 5 cm 離れた点から，腕の縦方向に沿って 5 cm の直線を水性インクのペンで描く。

(4) 手続き

まず，触覚計を見せながら，教示を与える。教示では，課題として「与えられた刺激が 2 点と感じられるか，感じられないか」を回答すること，十分に注意を払って回答すること，手に力を入れずリラックスした状態を保つこと，刺激しているところを見ないことなどを伝える。

本試行の前に練習試行を行なう。被験者には目を閉じさせるなどして，刺激している部位を見られないようにする。触覚計の間隔を 0, 2, 4, 6 mm と変

化させて，測定部位以外（たとえば手の甲）の部位を刺激し「1点」あるいは「2点」のいずれに感じたか報告させる。この練習試行によって，明らかに2点と感じられる場合と，2点とは感じられない場合を経験してもらい，どのように報告を行なうかの被験者なりの基準をもてるようにする。その基準がはっきりわからない場合には，練習試行を何度か繰り返してもかまわない。

実験の実施に際して，実験者は以下の点に注意する。①触覚計の1点は常に同じ場所（たとえば，腕に描いた線の端点）を刺激すること，②刺激の強さ・持続時間は毎回同じになるようにすること，③2点を同時に刺激するようにすること。腕が水平になっていない場合には刺激するのが難しいため，手首の下にタオルを丸めたものなどを置いて，前腕が水平になるように工夫するとよい。

測定は極限法によって行なう。測定は明らかに2点と感じられる間隔（50mm）から始める下降系列と，明らかに2点と感じられない間隔（0mm）から始める上昇系列とを交互に繰り返すことによって行なう。刺激変化の間隔は2mmのステップとする。毎回の刺激は2s程度，試行間間隔は3〜5sになるようにする。各系列は「2点」から「1点」あるいはその逆のように，判断が変化したところで打ち切る。今回の実験では，上昇系列・下降系列を各二回行なう（順番は被験者間でカウンターバランス）。被験者の反応は図4-3のような記録用紙を作成し，そこに記入していく。

3　結果の分析

各系列で初めて判断が変化した時点での値と直前の値との中間点を，判断の変化点として算出する。たとえば，下降系列において20mmで判断が初めて変わったら，直前の22mmとの中間点である21mmを判断の変化点とする。4回の試行系列で得られた値を平均したものを，その被験者の触二点閾の値とする。

4　考察のヒント

触二点閾を安定して測定することができたか。上昇系列と下降系列で違いが認められないか。違いが認められれば，それは何によるのか，などについて考察する。部位による二点閾の違いは被験者間で一致しているかについても検討

実験者				実施日			
氏名：						月	日

被験者				被験者			
氏名：	性別：	年齢：		氏名：	性別：	年齢：	

測定部位・条件：　前腕外側部
　　　　　　　　（手首から 5 cm）

測定部位・条件：

刺激間隔(mm)		系列					刺激間隔(mm)		系列			
		1	2	3	4				1	2	3	4
		↑・↓	↑・↓	↑・↓	↑・↓				↑・↓	↑・↓	↑・↓	↑・↓
	50							50				
	48							48				
	46							46				
	44							44				
	42							42				
	40							40				
	38							38				
	36							36				
	34							34				
	32							32				
	30							30				
	28							28				
	26							26				
	24							24				
	22							22				
	20							20				
	18							18				
	16							16				
	14							14				
	12							12				
	10							10				
	8							8				
	6							6				
	4							4				
	2							2				
	0							0				
判断の変化点							判断の変化点					
閾値	平均：		標準偏差：				閾値	平均：		標準偏差：		

図 4-3　記録用紙の例 DL

してみるとよい。

3 節　解説と発展

　触二点閾は古典的には触覚の空間解像度の指標として考えられてきたが，以前からさまざまな問題が指摘されてきた。その最大の問題点は，触二点閾を測定することによって推定される感度が，他の方法で測定した感度と一致しないということである。たとえば，ある部位での触二点閾が 30 mm であった被験者に対して，2 点間の距離が異なる刺激を与えて弁別を求めると，二点閾よりも小さな刺激（たとえば，2 点間距離が 7 mm の刺激と 5 mm の刺激）であっても高い正答率で弁別することができる。これは，触二点閾が触覚の感度だけを反映しているのではなく，他の要因によって影響を受けていることを示している。

　その要因として指摘されているのが，被験者が反応を行なう際に用いている基準の変化である。触二点閾の実験では，被験者は常に 2 点を刺激され，それによって生じた感覚が 1 点あるいは 2 点のいずれに感じられるかを報告する。そのため，どのような感覚が生じたら 2 点（あるいは 1 点）と報告するかに関する基準が被験者内あるいは被験者間で変動することによって，触二点閾の値は大きく変化することになる。たとえば，同じ個人に触二点閾の測定を繰り返すと，閾値が大きく低下することがある。この閾値の低下はテストをしていない他の部位でも観察されるため，特定の体部位の感度が変化したのではなく，体部位にかかわらない判断の基準の変化のためであると考えられる。

　これらの問題点を回避しつつ，今回同様の簡単な実験状況で，触覚の感度を測定する新しい実験方法も提案されている（Craig & Johnson, 2000）。たとえば，点字のように紙面に細かい凹凸をつけそれを識別させる課題であれば，先の指摘のような問題は解決できる（Johnson & Phillips, 1981）。機会があれば試してみるとよい。

第 4 章　触二点閾　　49

第 3 部

認 知

　第3部では，ヒトの認知的処理に関する実験について解説する。認知とは「注意」「記憶」「心的イメージ」「意思決定」などさまざまな心的活動を指す用語である。これらは感覚や知覚と同様に内的なはたらきであり，外から直接観察することはできない。そのため，認知的処理を測定するためのさまざまな実験方法が考案され，多くの研究が行なわれてきた。そのうちの代表的な課題を，実習を通して体験する。

パーソナル・スペース

　あなたは今電車に乗り込んだところである。その車両にはあまり人もいないようである。長椅子の両端の席はすでに人が座っていたので、あなたは長椅子の中央あたりに座る。両隣には誰もいない。そこにもう一人の乗客が乗ってきた。他に空いている席もたくさんあるのに、なぜかその人はあなたの隣に座った。あなたはどう感じるだろうか？　少し嫌な気持ちにならないだろうか？　あなたの周りには、見えない個人的な領域があり、その領域に他人が侵入すると、なんとなく落ち着かない気がしてしまう。本章では、このような空間、パーソナル・スペースを測定する実験を体験する。

1 節　背景

　パーソナル・スペースは、個人の身体を取り囲む、見えない境界をもった、他者の侵入を許せないような領域である (Sommer, 1969)。自身を中心として存在する一定の領域で、自身の移動に伴って移動する。
　パーソナル・スペースは、動物などに見られる**なわばり（テリトリー）**と類似しているが、ソマー (Sommer, 1959) によると、パーソナル・スペース

とテリトリーには以下に述べるようないくつかの違いがある。パーソナル・スペースは「持ち運ぶ」ことができるが，テリトリーは比較的静的で，環境に固定されている領域である。パーソナル・スペースは身体が中心にあるが，テリトリーはそうではない場合が多い（巣などを中心とする）。動物の場合，テリトリー内に侵入されると通常攻撃行動が生じるが，パーソナル・スペース内に侵入されると，対象者をパーソナル・スペース外へ置くように身を引く行動が出現する。

人それぞれ違うパーソナル・スペースを測定するにはどうすればよいか？

本章では，実験的にパーソナル・スペースを測定することを体験する。冒頭の逸話のように，日常場面でも自身に向かって他者が近づいてきた場合，それ以上近づいてほしくないというような嫌悪感を抱くことがある。このような，接近者に対して違和感や嫌悪感をもつ距離をパーソナル・スペースとして測定する。

2 節　実習

1　目的

本実習では，接近者を用いた実験的な方法によってパーソナル・スペースを測定することを目的とする。

2　方法

実験室の床に 3 m の長さのテープを貼る。被験者をテープの片端の位置に立たせる。接近者（実験者）は，被験者に対して顔の表情を変化させず，無表情かつ無言の状態を維持したまま徐々に近づいて行く。この際，接近者は，2 秒につき 1 歩（1 歩あたり，靴の長さの半分程度）ずつ被験者に接近することとする。

第 5 章　パーソナル・スペース　　53

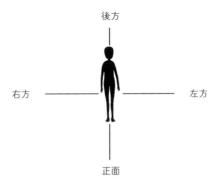

図 5-1 測定する 4 方向

被験者と接近者の距離 (cm), 内省　　　　　　　　　　　　　（　　）には順序を記入

被験者	接近者	正面	右方	左方	後方	被 験 者 の 内 省
1		(　)	(　)	(　)	(　)	
2		(　)	(　)	(　)	(　)	
3		(　)	(　)	(　)	(　)	
4		(　)	(　)	(　)	(　)	
5		(　)	(　)	(　)	(　)	
6		(　)	(　)	(　)	(　)	
･･･		(　)	(　)	(　)	(　)	
平　均						
標準偏差 (SD)						

分散＝((データ－平均値)の2乗)の総和÷個数　　　標準偏差 (SD) ＝(分散)の平方根 ($\sqrt{\ }$)

図 5-2 記録用紙の例 ⓄⓁ

　被験者には，接近者にそれ以上近づかれたくない，あるいは気詰まりなどといった違和感・嫌悪感を抱いたら，手をあげ「ストップ」の合図をさせる。そして，その際の被験者と接近者のつま先との間の距離を測定する。

　被験者に教示を与えた後に，正面，後方，右方，左方の 4 方向から接近者が接近し（図 5-1），それぞれの距離を測定する（図 5-2）。4 方向の測定の順序は，一定の順序にならないように，被験者ごとにランダムになるようにする（あらかじめ被験者の人数分のランダム系列を用意しておくとよいだろう）。

　正面から接近する場合は，被験者と接近者は互いを直視し，アイコンタクト

を保たせる。後方から接近する場合は，被験者は前方を向いて立ち，接近者には被験者の後頭部を直視させる。側方から接近する場合は，被験者は前方を向いて立ち，接近者には被験者の側頭部を直視させる。接近者が被験者の身体に接触しそうになった場合は，つま先を被験者に当て，その際の距離は０として扱う。

　以下の内容を含む教示を，あらかじめ用意しておく。①実験の目的（「この実験は，人間が他者に対してどの程度距離をとっていれば，気詰まりな感じや落ち着かない感じを受けないですむのかについて調べる実験です」など）。②最初に床に貼られたテープの端に立ってもらうこと。③接近者が所定の方向から接近してくるので，もうこれ以上，近づかれたくないと感じた時点で手をあげて「ストップ」の合図をすること。④自然な姿勢で直立し，常に前方正面を見続けること。⑤正面から接近者が近づいてくる場合は，表情を変えず，声を出さずに接近者とのアイコンタクトを保ち続けること。⑥接近者は後方を含め，どの方向から近づく場合でも，被験者を見つめていること。

3　結果の整理

　被験者を中心として，４方向からの接近者に対して違和感を覚える距離をプロットし，これを直線で結びレーダーチャートにしたものを，パーソナル・ス

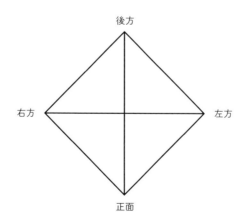

図5-3　パーソナル・スペース形状の記録図 DL
目盛りや単位は適宜書き入れること

ペースとする（図5-3）。また，二方向から構成される直角三角形のそれぞれの面積を求め，それを合計し，パーソナル・スペースの面積を求める。実際の計算式は以下のようになる。

$$パーソナル・スペース = \frac{正面 \times 左方 + 正面 \times 右方 + 後方 \times 左方 + 後方 \times 右方}{2}$$

4 考察のヒント

得られた結果について，以下のような点に着目して考察するとよいだろう。

- ・パーソナル・スペースの大きさや形状について考える（方向による違いはあるのか，など）。
- ・パーソナル・スペースの構造を規定する要因として，どのようなものが想定できるかについて考える。
- ・接近者によって，大きさが変化する可能性について考える。
- ・他のパーソナル・スペースの測定方法との違いについて考える。また，いくつかのパーソナル・スペースの測定方法を用いた場合に得られるデータの性質，メリットやデメリットついて考え，それぞれの測定方法を適切に利用できる場面などをあげてみる。
- ・パーソナル・スペースが生まれる要因について考える。

3 節　解説と発展

1 ホールの4つの対人距離帯（ゾーン）

自己を中心とした一定の領域としてパーソナル・スペースが想定されるが，それが行動として表出される場合の一つのかたちが**対人距離**である。対人距離は，さまざまな社会的な場面において，ある個人が相手をパーソナル・スペース内への侵入を許すのかどうかによって決定される。アメリカの文化人類学者のホール（Hall, 1966）は，人間の空間利用の仕方について，複数の人間が空

56　第3部　認知

間内に占める密度が行動やコミュニケーションに与える影響について調べる学問領域を**プロキセミクス**（proxemics，あるいは近接学）と名づけた。

　ホールは以下のように述べている。「アメリカ人とアラブ人は，生涯の大部分において，異なった感覚的世界に住んでおり，会話をする際に保たれる距離を設定するときにすら，ほとんど同じ感覚を使っていない」（Hall, 1966）「ラテンアメリカでは，人間が互いに作用する際の距離が北アメリカよりもずっと短い」「北アメリカ人には性的な感情または敵意を呼び起こすような距離にまでぐっと近寄らないと，楽な気分で話し合えないのだ。彼らが近づいてくると，われわれがだんだん後ずさりをする結果となる」（Hall, 1959）このように，異文化に属する2人がコミュニケーションをとる場面では，パーソナル・スペースの大きさの違いによって不快感がもたらされることがある。1人が相対的に広い，もう1人が狭いパーソナル・スペースをもっている場合では，それぞれ会話に適当な距離を求め，前者は相手から離れようと後ずさりし，後者は相手との距離を詰めようと前に進むため，極端な場合だと，廊下の端から端まで移動することとなる（Hall, 1959）。

(1) ホールの対人距離の分類

　ホール（Hall, 1966）は，人間が意識する対人距離を，4つの距離帯（ゾーン）に分けることを提案した。さらに，4つそれぞれのゾーンの中に近接相と遠方相が存在するとして，合計で8つに分類した。

①密接（親密）距離（intimate distance）　0～45 cm
　・近接相（0～15 cm）：親しい相手に愛情を伝えたり，逆に攻撃を加えたりするような距離
　・遠方相（15～45 cm）：非常に親しい間柄で，ささやくような会話を行なう距離
②個人（個体）距離（personal distance）　45～120 cm
　・近接相（45～75 cm）：親しい間柄の友人同士が会話を行なう距離
　・遠方相（75～120 cm）：知り合ったばかりの友人や知人と会話をする距離
③社会（的）距離（social distance）　1.2～3.6 m

・近接相（1.2 〜 2 m）：知らない人同士の会話や，商談をする場合に用いられる距離

・遠方相（2 〜 3.6 m）：公式な商談で用いられる距離

④公的（公共）距離（public distance）　3.6 m 以上

・近接相（3.6 〜 7.5 m）：関係が個人的なものではなく，講演者と聴衆といった公的な距離

・遠方相（7.5 m 以上）：一般人が社会的な要職にある人と面会するような際の距離

2　パーソナル・スペースに影響する要因

　パーソナル・スペースはさまざまな要因によって影響され，大きさなどが変化することが知られている。

(1) 性別

　性別によって，パーソナル・スペースの大きさが違うことが知られている（Evans & Howard, 1973; Gifford, 2002）。一般的に，女性は男性よりも他者の近くまで接近し，近くまで他者の接近を許す。特に，未知の他人に対しては，男性のほうがパーソナル・スペースを大きくとる傾向が強い。知り合いの女性に対しては，同性である女性のほうがパーソナル・スペースを小さくする傾向がある。女性同士の対人距離が最も短く，それに男女間が続き，男性同士では一般的に対人距離を長くとることが知られている。しかし一方で，性別のみでパーソナル・スペースの大きさを説明することはできないという報告もある（Severy, Forsyth, & Wagner, 1979）。

(2) 年齢

　パーソナル・スペースは年齢に応じて拡大していくといわれている（Evans & Howard, 1973）。しかし，幼児や低年齢の子どもにおいてパーソナル・スペースを測定することは困難なこともあり，パーソナル・スペースの発達に関する研究は多くなく，あまり理解されていないといえる。

(3) 性格・パーソナリティ

パーソナリティ特性によってパーソナル・スペースの大きさが異なるといわれている（Gifford, 2002）。外向性の高い人は，内向性の高い人よりもパーソナル・スペースが小さいこと，不安傾向の高い人ほど，パーソナル・スペースが大きいといわれている。しかし，強い不安を感じた人は，パーソナル・スペースを小さくして，他人と接近したがることもある。

(4) 文化

前述のように，文化圏の違いがパーソナル・スペースに影響する（Hall, 1966）。たとえば，アメリカ人よりもドイツ人のほうがパーソナル・スペースが大きいといわれる。また，アラブ人は相対的に狭いパーソナル・スペースをもつとされる。

(5) その他

社会的地位がパーソナル・スペースに影響することも知られている。自身より社会的地位の高い人物に対しては，パーソナル・スペースが大きくなる。

また，パーソナル・スペースは，危険を感じる場面や競争場面など，自身を取り巻く状況に応じて拡大・縮小することが知られている（Gifford, 2002）。

パーソナル・スペースは個人に属するもののようにとらえられがちだが，対象が存在してはじめて顕在化するものである。対人的なパーソナル・スペースに限っても（対物的なパーソナル・スペースも想定できるが），対象者が誰なのか，どういう状況なのかといったことも影響しうる。二者の関係が親密で協力的であるほどパーソナル・スペースは小さくなる。

3　パーソナル・スペースの測定法

パーソナル・スペースは，どのように測定するのかによって，その形状や大きさが変化しうる。つまり，その操作的な定義が重要である。パーソナル・スペースには2種類あるという考え方がある（Gifford & Price, 1979）。アルファ・パーソナル・スペースは，ある対象者が他者にとる個体間距離にあたり，これは客観的に測定することができる。一方で，ベータ・パーソナル・スペースは，

第 5 章　パーソナル・スペース　　59

対人距離をどう感じるかという主観的な評価に相当する。そのため，ベータ・パーソナル・スペースを客観的に測定することは困難である（Gifford, 2002）。以下では，アルファ・パーソナル・スペースの測定方法について述べる。

(1) 観察による方法

　街中や人の集まる日常的な場所において，対人距離を観察する方法である。テーブルなどの座席位置（対面して座るか，横に並んで座るか，コーナーを挟んで座るかなど）を対象とすることもある。さまざまな日常的な場面を対象にすることや，比較的短時間に多くのデータが得られることはメリットである。しかし，デメリットもあり，観察をとおして正確に対人距離を測定することは難しいので，データの精度はあまり高くない。また，対人距離に影響を与えると考えられるさまざまな要因を統制することが難しいこともデメリットとしてあげられる。

(2) 接近者との距離

　被験者に対して，接近者が一定の速度や移動距離で近づいていき，それ以上近づかれることに違和感や嫌悪感を抱く地点を決定し，そこから被験者の身体までの距離を測定する。この手続きをいくつかの方向から行なうことで，全方向性のパーソナル・スペースを測定することが可能である。第2節で使用したのはこの方法である。パーソナル・スペースに影響を及ぼすと考えられる要因を統制できることが利点である。一方で，実験的に違和感・嫌悪感を抱く距離を測定することは自然な状況とはいえず，その生態学的妥当性（私たちが日常的に使用しているパーソナル・スペースを測定できているのかどうか）が問題とされることもある（Gifford, 2002）。

(3) 社会的場面の投影

　人形や，人型をした図柄を自身および接近者に見立てて（投影して），擬似的な社会的場面を呈示し，その場面の中に人形などを配置させる方法である。呈示される社会的場面に，他者にあたる人形などが配置され，その人形と，その場面内に置かれた自身にあたる人形の距離を測定することになる。紙面上に

人型などを印刷し，そこに自身にあたる人型を配置したり書き入れたりする方法もある。また，テーブルの席取りなど特定の社会的な場面を想定させ，質問紙を使用して測定する場合もある。ただ，質問紙を用いる場合は，対人距離を比率尺度で測定するのは難しい。人型などに投影する方法，質問紙を用いる方法の両者とも，想定された場面のサイズや人形のサイズなどが問題となることがあるだろう。

4 発展課題

　第2節の実験では，被験者や接近者に対して特に操作を加えない状況において，特定の接近者に対するパーソナル・スペースを測定した。発展課題として，パーソナル・スペースの大きさや形状などに変化を及ぼしうる要因について考え，その要因を操作した実験を実施することが考えられる。第2節の手続きで測定したパーソナル・スペースを統制条件，新たに考えた条件を実験条件として，パーソナル・スペースの変化について検討する。

　実験を計画する際には，検討する要因に応じて適切な実験デザインを用いなければならない。本節第2項であげた，パーソナル・スペースに影響を与えるとされる要因は個人の特性に相当するものが多い（性別，年齢，性格・パーソナリティ，文化など）。これらの要因の影響を検討する場合は被験者間実験計画の実験が必要とされる。その他の要因（地位，危険場面，競争場面，二者関係など）については，被験者内実験計画の実験によってパーソナル・スペースの変化を検討することが可能である。

　レポートをまとめる際には，以下の点などに着目して考察するとよいだろう。

- ・考えた要因が，パーソナル・スペースに想定した変化を与えたか否か（得られた結果は仮説を支持するものだったのか否か）。
- ・いずれの場合でも，その理由について考察する（どのような結果・データからそれがいえるのかを論理的に考える）。
- ・被験者のようすや内省から推測される心的過程について考える。
- ・コミュニケーションにおけるパーソナル・スペースの意味について考える。

第6章 Chapter 6

係留効果

　私たちは日々の生活の中でさまざまな判断を行なうが，それぞれの判断は独立しているわけではなく，その前に行なった判断や行動，あるいは判断の前に得た情報によって影響を受けている。たとえば，何か買い物をするときに最初から 1,000 円の値段を提示されるときよりも，「定価 1,200 円のところ，特別に 1,000 円で販売します」などと提示されたほうが，同じ値段であってもより安く，お買い得に感じるというのは，日常的に経験したことがある人も多いのではないだろうか。本章では，人間の判断に事前情報がどのように影響するのかを実習をとおして学ぶ。

1 節　背景

　以前に提示された刺激や情報（係留刺激・アンカー）が，その後に行なう判断に影響を及ぼす現象を，**係留効果（anchoring effect）**あるいは**アンカリング効果**と呼ぶ。たとえば，有名人の没年齢を推定する（「ガンジーは何歳で亡くなりましたか？」）前に，「ガンジーが亡くなったとき，144 歳よりも上でしたか下でしたか？」あるいは「ガンジーが亡くなったとき，33 歳よりも上で

したか下でしたか？」と質問される。その後「ガンジーが亡くなったのは何歳のときだと思いますか？」と質問されると，144歳という数字を呈示された被験者は，33歳と呈示された被験者よりも，没年齢を高く回答する。これは係留刺激（144歳・33歳）に引っ張られる方向に判断が歪むバイアスがはたらき，係留効果が生起していることを示している。

　係留刺激は必ずしも数値で与えられる必要はない。オッペンハイマーら（Oppenheimer, LeBoeuf, & Brewer, 2008）の研究では，係留刺激を数値ではなく線の長さで与えている。被験者は2ページからなる質問紙を手渡される。第1ページには3本の曲線が描かれており，被験者はものさしなどを使わずにフリーハンドでそれらの線をできるだけ正確に描き写すことが求められる。このとき，半数の被験者には幅が7.5 cmの長い線分が，残りの被験者には幅2.5 cmの短い線分が呈示された。その後被験者は，第2ページに並んでいるさまざまな質問項目に回答していくことを求められたが，第1問めの質問項目「ミシシッピ川の長さは何マイルですか？」が係留効果を測定するためのターゲット項目で，それ以外の質問項目はダミーであった。結果を集計したところ，直前に長い線分を描き写した被験者はミシシッピ川の長さを平均で1224マイルと推定したのに対して，短い線分を描き写した被験者は平均72マイルと推定した。この結果からは，線を模写したことによって，その後の数的判断が歪められたものと考えることができる。

　本実習テーマでは，この係留効果を測定するための実験計画を立案・実施し，効果が実際に生じるかどうかを確認する。後述するように係留効果はさまざまな実験状況・係留刺激によって生起することがわかっている。次節の実験方法はあくまで一例であり，自分たちで係留効果が生じると思われる実験状況・刺激を考案し，測定することを推奨する。

2 節　実習

1　目的
　認知的バイアスである係留効果が生起する実験計画を立案・実行し，係留効

第6章　係留効果　63

果が生起するかどうかを確認する。この節では，先述したオッペンハイマーら
に準拠した実験計画を紹介する。

2 方法

(1) 被験者

　実験参加に支障のない視力（コンタクトやメガネによる矯正視力も含む）を
有する大学生40名程度。

(2) 実験計画

　1要因2水準の実験計画で実施する。係留刺激として短い線分を呈示される
低係留群と，長い線分を呈示される高係留群である。被験者はいずれかの群に
ランダムに割り当てられ，その条件でのみ測定を行なうため被験者間要因の実
験計画となる。

　この実験計画では統制群をおいていないが，実験の目的によっては，統制群
を設定したほうがよいこともある。統制群にどのような課題を行なわせるか（あ
るいは行なわせないか）については，実験内容に依存するので，どういう要因
を統制しようとしているのかをよく考えて設定すること。

(3) 質問紙

　今回の実験刺激は質問紙形式で準備する。質問紙は3ページで構成される。
第1ページには同意書を兼ねたタイトルページを作成する。実験内容を説明
し，同意を得たうえで回答を求めるものとなっている。ただし，実験の真の目
的を告げると被験者が実験に対して予断をもつため測定に影響する可能性があ
る。そのため，ここに掲載する実験のタイトル・目的はダミーのものを提示す
る（「大学生の一般的な知識に関する研究」など）。

　第2ページには，この後で行なわせるターゲット項目の判断に対して，係留
効果を生起させると思われる刺激（課題）を呈示して，回答・反応させる。図
6-1はオッペンハイマーらの実験の高係留群の刺激である。このような線分模
写課題以外にも，計算課題や単語記憶課題などを用いることも可能であるた
め，各自で課題を考案してみるとよい。第3ページには，質問項目を列挙する。

64　第3部　認知

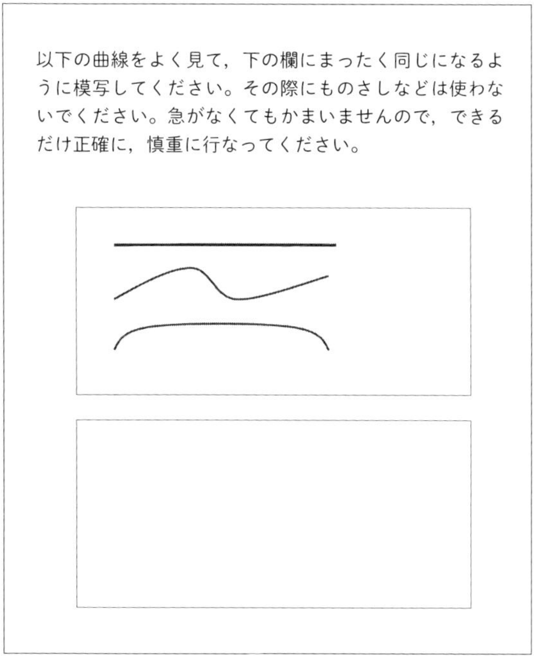

> 以下の曲線をよく見て，下の欄にまったく同じになるように模写してください。その際にものさしなどは使わないでください。急がなくてもかまいませんので，できるだけ正確に，慎重に行なってください。

図 6-1　オッペンハイマーらの実験の高係留群の刺激例

係留効果を測定するための質問項目であるターゲット項目を第 1 問めに掲載する。この例ではミシシッピ川の長さを推定する質問になっているが，他の問題でももちろんかまわない。実験の目的を悟られないために，それ以降にもダミーの質問項目を掲載し，全体で 10 問程度から構成される質問紙を作成する。

（4）手続き

　被験者には，質問紙の第 1 ページを提示して，実験の内容・目的を説明し，参加の同意を得る。すべての問題・質問項目に漏れなく最初から順番に従って回答するように十分説明する。不明な点がないかを確認し，なければページをめくって回答を開始させる。

　すべての回答が終了した後に，真の実験目的について説明するデブリーフィングを行なう。ここでは真の実験目的を隠匿しなければならなかった理由につ

第 6 章　係留効果　　65

いても説明したうえで, あらためてデータ利用に関する許諾を得る必要がある。また, 断られた場合には, データは破棄し, 被験者からの質問にはできるだけ真摯に回答しなくてはならない。

3 結果の分析

高係留群・低係留群のそれぞれでターゲット項目の回答を集計し, 平均と標準偏差を算出する。棒グラフに図示し, 標準偏差（または標準誤差）をエラーバーで示す。目視で低係留群・高係留群のターゲット項目の回答値がどのような関係にあるかを確かめ, 係留効果が生起しているかどうかを確認する。

そのうえで, 両群のターゲット項目への回答値の差が統計的に有意かどうかを t 検定によって検定する。今回, 各被験者は高係留・低係留刺激のいずれかのみを経験しているので, 対応のない t 検定を用いる。

4 考察のヒント

分析によって, 係留効果が生起したかどうかが確認できたはずだ。先行研究と同様に係留刺激に引っ張られるかたちで回答が変化しているかどうかを確認しよう。実験内容によっては, 係留刺激に対する反応や, ターゲット項目以外の質問項目を検討することで, 係留効果の効果量への影響を検討できるかもしれない。実験全体をふり返って, 実験実施の手順に改善すべき点がなかったかどうかについても考察するとよい。

3 節 　解説と発展

1 係留効果について

係留効果はさまざまな種類の判断において頑健に観察される。一般的な知識・事実に対して生じる係留効果としてすでに報告されているものに, シアトルの最高気温・ジョージワシントンの死亡年齢・アメリカの大卒者の初任給・ユリウス＝カエサルの体重（Blankenship, Wegener, Petty, & Macy, 2008）や, ワシントン大統領の立候補した年・エベレスト山で水が沸騰する温度・ウォッ

66 　第 3 部 　認知

カの凍結温度・1840 年のアメリカ合衆国の州の数（Epley & Gilovich, 2005）などがある。心理学の研究には，アメリカの大学生や一般市民を対象にしてとられたデータに基づくものが多いので，こうした事例もアメリカにまつわるものが多い。中には，日本人にとってはそもそも「なぜこれが問題として設定されるのか」すら理解できないものもあるだろう。では日本の大学生や一般市民を対象とした研究ではどのような問題を設定するとより適切な結果が得られるかを考え，それを検証するのも興味深い研究テーマである。

　また，不確定な将来の予測に対しても係留効果は生じる。クリッチャーとギロヴィッチ（Critcher & Gilovich, 2008）は，あるアメリカンフットボールの選手の写真と説明文を呈示し，この選手が次のゲームでよいプレーをする確率はどのくらいかを予想させる課題を行なった。このとき，写真の中の選手のユニフォームのナンバーを操作し，大きい数字（たとえば，94）を呈示される群と，小さな数字（たとえば，54）を呈示される群を設定し，回答した確率を比較した。その結果，94 のユニフォームを見た被験者は平均で 61.1％と回答したのに対して，54 のユニフォームを見た被験者の回答は平均 55.6％で，その差は統計的にも有意であった。被験者がユニフォームの番号を手がかりとして，次のゲームでのパフォーマンスを予想していたとは考えにくいことから，この実験結果は与えられた刺激や環境の中にある数値が係留刺激となり，無意識的に私たちの判断を変えてしまっていることを示している。

　日常場面においても，係留効果は私たちの判断に影響を与えている。たとえば買い物で値引き交渉をするようなときに，最初の言い値を過大（あるいは過小）にすることで係留（アンカー）をつくり，その方向にその後の商談を誘導するのは，ビジネス場面における一般的なテクニックとしてよく知られている。より深刻な場面における係留効果として問題になるのが，法廷などの司法場面での判断である。たとえば，マルティとウィスラー（Marti & Wissler, 2000）は，交通事故の模擬法廷において陪審員が決定する賠償額の金額は，最初に呈示される請求額が高いほど，高くなる傾向があることを示した。また，これは陪審員のような一般の人だけでなく，プロフェッショナルな訓練を受けた専門家でも生じうる。イングリッシュら（Englich, Mussweiler, & Strack, 2005）は，平均 13.4 年の経験をもつ裁判官および検事に被験者として実験に参加しても

らい，仮想の事件（スーパーマーケットにおける 12 回の万引き）で逮捕された女性の調書を読んで，量刑を判断させる課題を行なった。被験者は，判断を行なう前に「あくまで実験のためにランダムに決めた数字」だと伝えたうえで，「判事は 3 か月（あるいは 9 か月）の保護観察を求めている」という情報を与えられて，この期間が長すぎるか短すぎるかを判断するように求められた。その結果，判事の意見はあくまでランダムに決定されているものだと理解しているにもかかわらず，3 か月という月数を事前に呈示された被験者は平均 4.00 か月，9 か月を呈示された被験者は平均 6.05 か月と判断し，それぞれ事前に呈示された月数の方向へ判断が引っ張られることが示された。

　このように，専門的な訓練を受けた者であってさえ，与えられた情報が判断とはなんら関係がないということを理解していても，この判断は歪められてしまう。このことからもわかるように，係留効果は非常に強力な認知的なバイアスであるといえる。私たちの身の回りでも，日常生活の中でこの係留効果の影響を受けている実例がないか，ふり返って考えてみるとよいだろう。

2　係留効果のメカニズム

　係留効果はどのような要因によって生じるのであろうか。これまでの研究でいくつかのメカニズムが提案されているが，ここでは代表的な 2 つを紹介する。一つは，判断を下す前の調整プロセスが原因となっているとする説明である。この説明では，不明な数値を見積もる際に，係留刺激によって与えられたアンカーとなる数値を起点として少しずつ数値を変化させながら，その都度それが多すぎるか少なすぎるかを評価しながら，徐々に妥当だと思う数値に近づけていくことによって，判断を行なうと想定する。「まだ基準を動かすべきだ」という確信がもてなくなるまで基準を移動させていって，ある値で判断をすることになるが，たいていの人は正しい値にたどり着く前に移動することをやめてしまう。つまり，調整をやめるのが早すぎるために判断が係留刺激の方向にずれてしまうという説明である。

　しかし，この説明だけですべての係留効果の原因が明らかになったと考えることは難しい。たとえば，冒頭にあげた例のように「ガンジーが亡くなった年齢は 144 歳より上でしたか，下でしたか？」と聞かれた後で，実際の年齢を推

定する際に，没年齢としてはありえない144歳からスタートして調整を始めるとは考えにくい。また，前述したアメリカンフットボールの選手の活躍を予測する状況（Critcher & Gilovich, 2008）でも，その確率をユニフォームの番号を起点として推定するとは思えない。では，その他にどういう要因が考えられるのであろうか。

　もう一つの説明は，**プライミング効果（priming effect）**として係留効果をとらえるものである。プライミング効果とは，一般的に先に呈示された刺激によって，後続する刺激の処理に影響を及ぼす現象を指す。代表的なプライミング効果に，単語の意味による連想プライミング効果（associative priming effect）がある。これは，2つの単語を連続して呈示し，2つめの単語に対して単語か被単語かを判断する**語彙判断課題（lexical decision task）**を行なうときに，2つの単語が意味的に関連している場合（たとえば，パン→バター）のほうが，関連していない場合（たとえば，ライター→パン）よりも単語であるとする反応が早くなる現象である。この連想プライミング効果は，意味

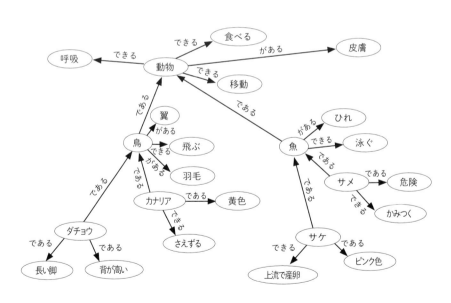

図 6-2　活性化拡散モデルにおける概念ノードとリンクの概念図
（Lachman, Lachman, & Butterfield, 1979 より作成）

記憶が概念のネットワークによって表現されているとする**活性化拡散モデル**（**spreading activation model**; Collins & Loftus, 1975）によってうまく説明することができる。

　このモデルでは，それぞれの概念と対応したノードとそれらをつなぐリンクのネットワークを仮定する（図6-2）。概念ノード間の距離は，それらの概念の意味の関連性の強さを表現している。たとえば「鳥」という概念は「翼」「飛ぶ」という概念とは関連が強いためノード間の距離は短いが，それに比べると「動物」という概念とは関連性が弱く，距離がやや長くなる。単語が呈示されると対応する概念のノードが活性化する。この活性化拡散モデルでは，ノード間のリンクを通じてこの活性が伝っていくことを仮定する。つまり，「鳥」という概念が活性化すると「翼」「飛ぶ」などの概念ノードも活性化していく。このモデルによって連想プライミング効果はうまく説明することができる。

　では，係留効果は連想プライミングによって，どのように説明できるのであろうか。この説明では，係留刺激によって関連する概念が活性化すると考える。たとえば，「ガンジーは144歳より上か下か」という質問を読むことで，「老人」「長生き」などの概念が活性化する。一方，「33歳より上か下か」という質問によっては，「若い」「短命」などの概念が活性化する。これによって，その後の年齢判断が影響を受けると考えれば，係留効果をうまく説明することができる。マスワイラーとストラック（Mussweiler & Strack, 2000）は，高係留刺激として「ドイツの年間平均気温は20℃よりも高いでしょうか，低いでしょうか？」，低係留刺激として「ドイツの年間平均気温は5℃よりも高いでしょうか，低いでしょうか？」という文章を呈示し，判断させた。その後で，いくつかの単語を瞬間呈示し，どのような単語が見えたかを報告させたところ，高係留刺激を呈示された被験者は夏を想起させる単語（太陽・海岸など）を，低係留刺激を呈示された被験者は冬を想起させる単語（霜・スキーなど）を多く報告した。これは係留刺激の中に含まれる気温に関する情報によって，夏あるいは冬という概念が活性化し，係留効果が生じたものと解釈でき，連想プライミング説を支持するものである。またこの章で取り上げたオッペンハイマーらの線分模写課題の結果も連合プライミング説と整合している。

　ただし，すべての現象を連想プライミングによって説明できるわけではない。

係留刺激とは逆の方向に判断がずれる対比効果を生むこともある。実験状況や係留刺激の呈示方法に応じて異なったメカニズムが係留効果という現象を生起させていると考えるのが妥当であろう。いずれにせよ，係留効果は私たちの判断に影響を与える非常に強力な認知バイアスであることは間違いない。

　なお，ノーベル経済学賞を受賞した心理学者ダニエル・カーネマンの著書『ファスト＆スロー：あなたの意思はどのように決まるか？』（Kahneman, 2011 村井訳 2014）には，係留効果をはじめとした人間のもつさまざまな認知バイアスが詳細に紹介されている。大著ながら平易でわかりやすく説明されており，良書としてお薦めできる。

第 7 章

ストループ効果

　自転車に乗って通学しているところを想像してほしい。いつもの通い慣れた道を自転車で走っていると，道路を挟んだ反対側の歩道に立っている人が手を振っているのに気がついて，反射的にそちらを見てしまう。そのとき，前を歩いていた人が立ち止まったのに気づかず，思わずぶつかりそうになって急ブレーキ…そんな怖い思いをしたことがある人もいるかもしれない。このように，私たちのもっている認知的な処理能力には上限があり，膨大な量の情報が存在する外界からの情報をすべて一度に処理することはできない。そのため，周囲の環境から取り入れた情報のうち，重要なものに対して処理を集中させる一方，必要でない情報を無視する必要がある。そのような情報の取捨選択を行なう認知機能を**注意**（attention）と呼ぶ。注意による選択はうまくはたらくこともあるが，情報をうまく排除できずに，不必要な情報が本来行なうべき処理を邪魔する（干渉する）こともある。本章では，そのような干渉効果として有名な**ストループ効果**（Stroop effect）について実習をとおして学ぶ。

1節　背景

　認知的な干渉効果として古くからよく知られている現象が，アメリカの心理学者ジョン・リドリー・ストループが発表した論文の中で示されたストループ効果（あるいはストループ干渉）である（Stroop, 1935）。これは，異なった色で表記された色名単語の色名を呼称する課題（ストループ課題）を行なう際に，単語の意味によって生じる干渉効果のことである。たとえば，赤インクで書かれた「あお」のインク名を呼称（「あか」と反応）するのは，赤い色パッチのインク名を呼称するよりも時間がかかる。この，インクの色を呼称する際に不一致な文字の意味情報によって生じた干渉効果がストループ効果である。逆に，黒インクで書かれた「あお」という文字を読むよりも，赤インクで書かれた「あお」の文字を読む（「あお」）ほうが時間がかかるというかたちで生じる干渉効果は，逆ストループ効果と呼ばれる。一般的に逆ストループ効果は，ストループ効果に比べて生起しにくいと考えられている。

　本実習テーマでは，このストループ課題を実際に体験し，反応時間を指標にした認知実験を実施し，ストループ効果を確認する。実験条件の実施順序をどのようにコントロールするかなど，実験を行なううえで基本的かつ重要な実験操作についても修得することを目指す。

2節　実習

1　目的
　基本的な認知心理学実験の課題であるストループ課題を作成し，ストループ効果あるいは逆ストループ効果が生起するかどうかを確認する。

2　方法
（1）被験者
　日常の生活に支障のない視力（コンタクトやメガネによる矯正視力も含む）

第 7 章　ストループ効果　73

および単語の読み上げに支障のない日本語能力をもつ者。また色覚異常については自己申告を求め，該当する者には実際の刺激を見せて課題遂行が可能か確認をしてから実験に参加してもらうこと。

(2) 実験計画

　本計画は，4つの実験条件を設定し被験者内で比較する1要因4水準の実験計画である。1つめの実験条件はカラーで表示された色単語の色名を読み上げる色単語－色名呼称条件で，2つめは同じくカラーで表示された色単語の文字を読む色単語－文字読み条件である。これらに対する統制条件として黒色で表示された色単語の文字を読む黒単語－文字読み条件と，カラーで表示される記号の色名を読み上げる記号－色名呼称条件を設定する。従属変数として，反応にかかった時間（反応時間）を測定するが，補助的に読み間違え等の回数をカウントした誤答数も記録する。

　ストループ効果は，色単語－色名呼称条件と色単語－文字読み条件の反応時間の差として定義されるのではないことに注意すること。なぜならこれらの2条件では，被験者が行なう課題が異なっており，それらの反応時間を直接に比較することはできないからである。そのため，色単語－色名呼称条件に対しては同じ色名呼称反応を求める記号－色名呼称条件，色単語－文字読み条件に対しては同じ文字読み反応を求める黒単語－文字読み条件が統制条件となり，それぞれの反応時間を比較することでストループ効果（あるいは逆ストループ効果）を測定することとなる。

(3) 実験装置

　実験装置としてPCを使用し，PowerPointなどのプレゼンテーションソフトを使用して実験刺激を呈示する。プレゼンテーションソフトであればPowerPointでなくてもよく，OSもWindowsでなくてもかまわない。その他に反応時間を記録するためのストップウォッチも準備する。可能であれば，ボイスレコーダを用意して被験者の反応を記録してもよい。PCが利用できない環境で実験を行なう際には，カラープリンターで印刷したものを刺激として呈示してもよい。主な指標として反応時間を記録するが，補助的な指標として誤

答数も記録したほうがよい。被験者が単語を読み上げている（あるいは色名を呼称している）間に被験者の反応の間違いをカウントしなければならないため，計測を行なう実験者と読み上げのエラーをチェックする実験者の2名体勢で実施するのがよい。

（4）刺激

実験刺激は PowerPoint などのスライドショー機能を用いて呈示する。4種類の実験条件のそれぞれにファイルを作成する。各ファイルは，教示画面・練習試行用刺激画面・本試行用教示画面・本試行用刺激画面から構成される⑩。本試行用刺激画面は，黒色単語刺激（黒色の「あか」「あお」「みどり」の3つの色名単語をランダムな順序でグリット状に配置したもの），色記号刺激（赤・青・緑の3色の「＊＊＊」をランダムな順序でグリット状に配置したもの），色単語刺激（赤・青・緑の3色の「あか」「あお」「みどり」をランダムな順序でグリット状に配置したもの）の3種類である。色単語−色名呼称条件と色単語−文字読み条件の刺激画面は色単語刺激，黒単語−文字読み条件の刺激画面は黒色単語刺激，記号−色名呼称条件の刺激画面は色記号刺激となる。教示画面はそれぞれの条件の課題内容に対応した内容を作成する。

刺激画面の作成について，注意すべき点が2点ある。第1に呈示する単語の数である。スライドに単語を配置する前に，呈示する刺激の数を決定しなければならないが，そのためには色と単語の組み合わせを考える必要がある。色単語は，単語の意味と表示色が異なるように設定される必要があるので，3色の色名を用いる場合には，組み合わせは18通りとなる。これらが均等な数スライド内に含まれるように刺激数を決定する必要があるため，刺激数は18の倍数となる。より確実にストループ効果を確認するためには刺激数は多いほうがよいが，あまりに多すぎても「スライド内の文字が読みにくくなる」「被験者の負担が大きくなる」などの問題が生じる。実際に刺激を作成してみて，刺激数だけでなくフォントサイズや単語と単語の間隔などを，被験者が読みやすいように調整するのがよい。練習用試行刺激画面については，被験者が実験課題を理解することができればよいので，それほど刺激数を多くする必要はない。

第2に，刺激の配列順序である。たとえば，色単語−色名呼称条件と色単

語－文字読み条件はともに色単語を呈示されるが，この刺激配列を2条件で同一にするのか，別の配列を作成するのかが問題になる。同様に，黒色単語刺激と色単語刺激の単語の配置順序・色記号刺激と色単語刺激の表示色の配置順序も一致させるのかどうかも重要なポイントとなる。刺激種類間で配置順序を一致した場合，後から実施した条件では一度呈示・反応した画面に対して再び反応することとなるので，練習効果で課題成績が向上する可能性が考えられる。ただし，これは被験者ごとの条件の実施順序を適切に設定することで相殺することができる（後述）。各条件で異なる配置順序を用いる場合は，条件間で課題の難易度に違いがないことを確認する必要がある。たとえば，黒色単語刺激では同じ色単語が連続しているが，色単語刺激は満遍なく単語が配置されているということがあれば，色との組み合わせによらない反応時間への影響が生じていることとなる。すべての被験者に対して新しく配置を作成する場合，たまたま1名の被験者に対して呈示する配列に偏りがあっても，十分な被験者数が確保されていれば大きな影響はない。しかし，すべての被験者に同一の配置を呈示する場合には実験結果を歪める可能性があるので，このようなことが起きていないか十分注意をする必要がある。

(5) 手続き

4つの実験条件を順に実施する。各実験条件では，練習試行を行なった後に，本試行を行なう。練習試行の前に課題内容に関する教示を行なう。スライドのファイルを開き，練習試行用の教示画面を表示しながら，口頭で教示を行なう。このとき，実際の刺激をサンプルとして画面に呈示してあると被験者は理解がしやすい。たとえば，色単語－文字読み条件であれば，「今から画面上にさまざまな色の単語が表示されます。画面が出たらすぐに，左から右に，文字の色は無視して単語を読み上げていってください。（教示画面の単語例を指しながら）たとえばこの単語の場合は，表示色は赤ですが，その色は無視して単語の文字である『みどり』と読んでください」などと教示する。また，課題を反応の正確さとスピードのいずれを重視して行なうのかについても指示する。今回の実験では両方を重視して行なうので「できるだけ速く，かつ正確に読み上げてください」などと伝える。

被験者が課題内容を理解し，準備ができたことを確かめたら，キーを押して
スライドを先に進め，練習用刺激画面を呈示する。被験者が読み上げを終えた
ら，被験者に何か不明な点がないかを確認し，問題がなければ，本試行の教示
を行なう。本試行の教示は，基本的には練習試行と同じであるが，画面上に呈
示されている刺激の数が違うので，その点について特に説明を加える必要があ
る。特に「単語の読み上げをどの単語から始めるのか（たとえば，左上の単語
から読みはじめて…）」「どちらの方向に進むのか（たとえば，左から右の方向
で…）」「行末まできたときにどうするのか（たとえば，端まで来たら一段下に
下がって，また左から順に…）」については，実験中に被験者が混乱しないよ
うに注意して説明すること。

　被験者の準備ができたら，本試行用刺激画面を呈示すると同時にストップ
ウォッチで計測を開始する。被験者が最後の刺激に対して反応し終えた瞬間に
ストップウォッチの計測を止め，その間にかかった時間をその試行の反応時間
として記録する。そして，その条件が終了したことを告げて，すこし休憩を挟
んでから，次の実験条件に移る。

　この実験を行なう際に重要なポイントとなるのが，4つの実験条件の実施順
序である。たとえば，すべての被験者で実施順序を同じにする場合，ある特定
の条件を常に最後に実施してしまうと，最初に実施される条件よりも課題に対
する慣れ（練習効果）が生じるため，常に後に行なう条件での課題成績が相対
的に良くなる可能性がある。このような順序効果を排除するためには，被験者
ごとに条件の実施順序を変えて，順序効果を相殺する必要がある。この操作は
カウンターバランスと呼ばれる。

　では，どのようにして条件の実施順序を決めるべきであろうか。この実験で
は4つの実験条件があるため，順列としては $4! = 4 \times 3 \times 2 \times 1 = 24$ 種類が
存在する。この24種類の順序で実験条件を実施すれば順序効果は相殺される
と考えられるが，ただし被験者数が24の倍数人必要となるため，そこまで被
験者を確保できない場合には適用できない。そのときは，直接比較する条件
のペアに着目してカウンターバランスを行なうとよい。たとえば，1人めの被
験者に，色単語－色名呼称条件・記号－色名呼称条件・黒単語－文字読み条
件・色単語－文字読み条件の順で実験を行なったとする。この場合前半2条件，

後半2条件がそれぞれ直接比較する条件になるので，この順序に対してカウンターバランスを行なえばよい。すなわち，2人めの被験者は，記号−色名呼称条件・色単語−色名呼称条件・黒単語−文字読み条件・色単語−文字読み条件の順で実施すれば，色名呼称課題と文字読み課題の中で順序効果が相殺されたことになる。加えて，前後半で行なう課題の順序を逆転すれば，課題の順序効果も統制することができる。この考え方で，何通りの順序ができるのか考えてみるとよい。

実験終了後，内省（実験中に気がついたことなど）報告を求め，記録しておく。

3　結果の分析

条件ごとに全被験者の平均時間と標準偏差を算出して，棒グラフに図示する（標準偏差または標準誤差はエラーバーに示す）。まず，目視でストループ効果・逆ストループ効果が生起しているかを確認する。また，誤答についても同様に集計して，極端に誤答数の多い被験者がいないかどうかについても確認しておくこと。

そのうえで，各条件の反応時間の差が統計的に有意であるかを対応のある t 検定を用いて調べる。今回ストループ効果は，色単語−色名呼称条件と色名呼称反応を求める記号−色名呼称条件の反応時間の差として定義されるので，この2条件の反応時間に有意な差があればストループ効果が生起したことを確認できる。同様に逆ストループ効果は，黒単語−文字読み条件と色単語−文字読み条件の反応時間の差を検討することになる。分散分析が使用できるのであれば，1要因4水準の被験者内要因の分散分析を行なってもかまわない。

4　考察のヒント

分析によって，ストループ効果・逆ストループ効果が生起したかどうかが確認できたはずだ。先行研究と同様の結果が得られたかどうか検討してみよう。被験者の個人データをチェックし，反応時間や誤答数に違いがないかを確認し，もしあればそのような個人差が何によって生じているのか，考察してみるとよい。実験全体をふり返って，実験実施の手順に改善すべき点がなかったかどうかについても考察する。

3 節　解説と発展

1　ストループ効果について

　ストループ効果は，心理学の教科書に必ずといっていいほど取り上げられることからもわかるように，実験心理学に与えたインパクトは非常に大きかった。ストループの開発した課題が，基本的な認知機能である注意や自動的処理／意図的処理を実験的に検討し，その仕組みを解明する手がかりになると広く考えられてきたからであることの証左である。

　文字読みよりも色名呼称に時間がかかるということは，ストループの研究にさかのぼる 50 年前にすでにキャッテルによって報告されていた（Cattell, 1886）。キャッテルは赤いカラーパッチに対して「red」と読み上げ反応するほうが，文字の「red」という単語に対する読み上げ反応よりも遅くなることを示し，この理由を単語と文字の場合は概念と名前の連合はきわめて頻繁に起こるので処理が自動化されるが，色と画像の場合は名前を選ぶのに意図的な心的努力（エフォート）が必要になるためであると解釈した。この自動的処理と意図的処理の区別は，人間の認知プロセスを解明しようとする心理学者に大きなインパクトを与え，現在においてもなおさまざまな現象を説明するうえで有効であると考えられている。

　ストループは，それまで主に記憶研究の分野で研究が進められていた認知処理における干渉効果が，記憶に貯蔵される前の認知の段階で生じることを示したいと考え，文字と色の特徴を一つの刺激にまとめ上げることによって，認知的な干渉を検討する実験系を考案した。ストループが 1935 年に発表した論文では，3 つの実験が報告されていた。実験 1・2 では，複数の特徴から構成されている刺激に対して反応する際に，反応に関係しない特徴がどのような影響を与えるのかを検討しており，実験 3 はこの特徴間の相互作用に対する練習の効果を調べている。ここでは特にこの章と関係の深い，実験 1 と 2 について紹介する。

　実験 1 では，色単語の文字読み課題（緑色のインクで書かれた RED に対して，口頭で「RED」と反応すると正解）が報告されている。実験では，単語

とインクに赤・青・緑・紫・茶色の5色が用いられていた。実験条件では，単語とインク色の組み合わせごとの出現頻度が均一になるように10行×10列に単語が配置されたカードを作成し，被験者に呈示された。カードは2枚作成され，もう一枚は単語の順序を逆転したものであった。統制条件で呈示されたカードは，実験条件のカードと同じ単語配列を黒色のインクで書いたものであった。被験者はこれらのカードを大きな声でできるだけ素早く読み上げることが求められ，カードを読み終えるまでの時間と誤反応数が測定された。70名の被験者から得られた結果では，統制条件では平均41.0秒で読み上げることができたのに対し，実験条件では43.3秒かかることが示された。この2.3秒の差は統計的には有意ではなく，文字読み反応に対してインク色が影響を与えなかったことがわかった。

　実験2は，色単語の色名呼称課題（緑色のインクで書かれたREDに対して，口頭で「GREEN」と反応すると正解）が行なわれた。実験条件で呈示されたカードは，実験1の実験条件で使用されたものとまったく同じものであった。統制条件のカードは，実験条件のカードの単語を，色をつけた正方形に置き換えたものが使用された。実験には100名の被験者が参加した。実験の結果，統制条件ではカードを読み上げるのに平均59.8秒かかったのに対し実験条件では102.3秒と，約47秒の遅延が認められた。この遅延は統計的にも有意であり，色単語の色名呼称に対して単語の意味情報が干渉することが明らかになった。この干渉効果が，発見者の名を取ってストループ効果と呼ばれるようになったのである。

2　ストループ様効果

　ストループ効果は，発表から80年以上経過した現在においても人間の認知メカニズムを明らかにするための重要なツールとしてさまざまな研究で用いられているが，ストループ効果から派生した新しい現象もいくつか報告されている。たとえば，文字に色をつけるのではなく，文字刺激の付近に別の色刺激（長方形などの図形）を呈示しても，その色が単語の意味と違う色であれば，ストループ効果と同様の干渉効果が生じることが報告されている。また文字と色の組み合わせ以外でも，刺激に2つの属性を割り当て，いずれかの属性に反応す

る際にもう一方の属性が影響するというストループ効果に類似した現象もいくつか報告されており，ストループ様効果と呼ばれている。

絵・語句干渉効果（picture-word interference effect，たとえば，Rosinski, Golinkoff, & Kukish, 1975）は，代表的なストループ様効果の一つである。画像（たとえば，ライオンの絵）の上にそれと不一致な単語（たとえば，キリン）が重ねて呈示されると，無意味綴りを重ねて呈示したときと比較して，画像の命名時間が遅延する現象である。文字の意味情報によって画像の命名処理が干渉されることによると解釈される。

また，別の代表的な例として，**情動ストループ効果**があげられる。これは，彩色された単語の色名を呼称する際に，その単語が強い感情価をもっている（たとえば，地獄・殺人など）ときに，反応が遅延する現象のことである。単語のもつ感情価によって注意が単語の意味処理に向けられてしまうためであると考えられている。不安障害患者や高不安者において効果が大きいことから，臨床的応用場面においても研究が多く行なわれている。

これらのストループ様効果は，現象としてはオリジナルのストループ効果と類似する点が多いものの，同一のメカニズムによるものなのかについては，疑問視する研究もある。しかし，これらの類似する現象のメカニズムを明らかにすることによって，未だ不明な点が多いストループ効果のメカニズムを明らかにするための手がかりを得ることができるかもしれない。

第 **8** 章

Chapter 8

心 的 回 転

　友人たちとの外食の場面。向かいの席に座っている友人が，テーブルの上にメニューを開いて注文するものを考えている。あなたもメニューをのぞき込んで何を注文しようか考える。こちらから見るとメニューは逆さなので，少し見にくいなあと思いながらも，さすがに友人から取り上げて，こちら側に見やすいように向きを変えるわけにもいかない。こうした場合，メニューにある料理名や料理の写真を頭の中で回転させるようなイメージをしないだろうか。本章では，このようなイメージの回転，心的回転の実験を紹介する。

1 節　背景

1　表象について

　表象とは，外界のなんらかの対象を知覚・認知する際に，その処理過程の中で心の中につくり上げられた，その対象を表わす「表記」「記号」「シンボル」である。表象の英訳である‘representation’という言葉は，「ある事柄を別のもので代表させて示すこと」という意味である。私たちを取り巻く環境に存

82　第 3 部　認知

在する「なにか」，つまり外界の対象を，「表象」という私たちの内部に生じる「なにか」（あるいは現象）に代表させること（処理）が知覚・認知のプロセスだといえる。

2 イメージについて

イメージは，対象とする刺激が存在しない状況において生じる心的表象である。イメージは，過去に実際に経験した知覚体験などと類似した知覚的体験を生じさせる。たとえば，視覚的イメージの場合，目の前にそのものがない状況だが，あたかも見えるかのように体験されるものである。私たちの内部で生じる表象であるため，イメージそのものを直接物理的にとらえることは非常に困難である。

3 心的回転

シェパードとメッツラー（Shepard & Metzler, 1971）は，10個の立方体を組み合わせてつくった3次元物体を2次元的に表わした図を2つずつ対にして被験者に呈示した（図8-1）。2つの図形は，片方の図形を一定方向に回転させると同一となる場合と，鏡映像になる場合とが用意されていた。被験者は，呈示された2つの刺激が同一かどうかを判断することを求められ，その判断に要する時間が測定された。その結果，2つの図形の回転角度に比例して，同一の図形か鏡映像かの判断に要する時間（反応時間）が延長した（図8-2）。この結果から，一方の図形のイメージを一定の速度で回転させ，それらを照合することで同異の判断を行

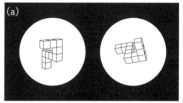
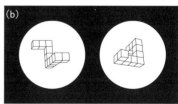
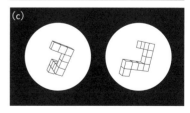

図8-1 シェパードとメッツラー（Shepard & Metzlar, 1971）で用いられた刺激例
(a) 平面回転80°同条件，(b) 奥行回転80°同条件，(c) 奥行回転異条件

第8章 心的回転　83

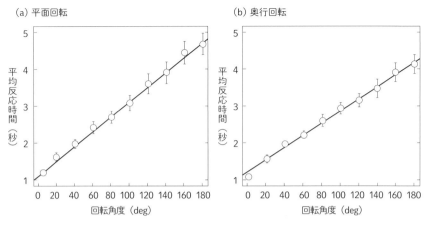

図 8-2　同じであると判断するまでに要した時間（Shepard & Metzlar, 1971）

なっていると考えられた。このように，異なる方向を向いている 2 つの対象の形状が同じものかどうかを判断するとき，一方のイメージを心の中で回転することを心的回転と呼ぶ。

2 節　実習

1　目的

3 次元物体に対する心的回転課題を実際に実施し，3 次元物体の同異判断に要する反応時間が，2 つの物体の角度差に比例して延長することを観察する。

2　方法

（1）刺激

シェパードとメッツラー（Shepard & Metzler, 1971）で使用されたものと類似の 3 次元物体を用意する。3 次元物体は，10 個の立方体の面と面でつなげたもので，すべての立方体を直線的に配置するのではなく，3 つの屈曲点をもった構造とする（図 8-1）。

課題の1試行においては，画面中央から左右に離れた位置に2つの3次元物体を呈示する。これらの左右に並べて呈示される2つの物体は，同じ構造をしている場合と異なる構造をしている場合（鏡面異性体を用いる）を用意する。それぞれの3次元物体を，同じ角度で描いた条件（0°）と，左右どちらか片側の図形をその図形が描かれた平面上で回転させたものを用意する（図8-1）。回転の条件としては，0°，±20°，±40°，±60°，±80°，±100°，±120°，±140°，±160°，180°（回転角度が180°を超えると逆方向の回転になるため，正方向と負方向の回転角度として表わしている）の合計18条件となる。さらに，左右の図の右側の図を回転させる場合と左側の図を回転させる場合の両方を用意してもよい。奥行方向の回転についても同様の18条件の刺激を用意する。刺激として用いる3次元物体は数種類を用意する。たとえば，3次元物体の種類を3種類，左右のどちらの図を回転させる場合も用意する場合，平面回転について，同一構造か鏡面構造か(2)×回転条件(18)×物体の種類(3)×左右位置(2)=216枚となる。この場合は，奥行回転についても同様に216枚用意することになる。

(2) 手続き

　実験課題は，PC上で動作するPsychoPyなどの実験制御用のアプリケーションを使用して制御するとよい（付章参照）⓪。これにより，刺激の呈示や同異判断の反応およびその反応時間を計測する。

　被験者に教示を与え，何試行か練習を行なった後に実験課題を開始する。練習試行用の刺激セットも用意しておいたほうがよいだろう。課題の1試行においては，画面中央に注視点を一定時間呈示した後（3秒程度），その左右の位置に2つの3次元物体を呈示する。画面の大きさにもよるが，注視点を挟み視角にして10°程度の間隔で呈示する。

　被験者には，左右に呈示された物体が同じ構造を有しているか否かを判断させ，同じ場合は右ボタンを，異なっている場合は左ボタンを押させる。この際，同異の判断はできるかぎり正確かつ速やかに行なうように教示する。反応させるボタンについては被験者間でバランスをとる（半数の被験者については，上記とは逆に，同じ場合は左ボタン，違う場合には右ボタンを押させる）。

3 結果の分析

平面回転と奥行回転のそれぞれについて別個に集計する。2つの刺激の回転角度ごとに（0°〜180°）平均反応時間を算出する。回転角度で試行の繰り返しがある場合，まずは各被験者それぞれの回転角度の反応時間データを平均し，それを当該被験者の当該回転角度の代表値とする。誤反応の場合は除外し，正反応を行なった試行のみを分析対象とする。誤反応数も集計しておき，後に分析対象としてもよい。回転方向については（正方向・負方向），別個に集計してもかまわない。その場合は，回転角度を「0°，20°，40°，・・・，180°，200°，・・・，320°，340°」，あるいは「-160°，-140°，-120°，・・・，0°，・・・，160°，180°」と表示する。

被験者1名分の各回転角度の平均反応時間から，それぞれの条件ごとに全被験者の平均（および標準偏差）を求め，グラフにプロットする。平面回転と奥行回転のデータは別の図にしたほうがよいだろう（図8-2）。統計的分析には，回転角度を要因とした1要因分散分析を用いる（10水準の被験者内要因）。

4 考察のヒント

考察の際には，以下の点を中心に言及するとよいだろう。

・回転角度に比例した直線的な反応時間の増加が認められたか？
・直線の傾きは何を表わしているか？
・直線のy切片（縦軸との交点）は何を表わしているか？
・平面回転と奥行き回転に違いは見られたか？
・見られたとしたら，その違いは何を反映しているのか？

3 節　解説と発展

1 イメージ論争について

イメージとは何か？についての論争で，現在も続いている。イメージを**アナログ的表象**としてとらえるイメージ派と呼ばれる一派と，絵画的なイメー

86　第3部　認知

ジは存在せず，それらは**命題的表象**だと見なす命題派と呼ばれる一派との間
での論争である。心的回転の現象は，アナログ的表象の存在を示唆するものと
して受け入れられている。

(1) アナログ的（絵画的）表象

　イメージとは，「外界事象と類似した知覚経験を伴うもの」であると考える。
つまり，見たこと，聞いたことに類似した知覚体験を生じさせる表象である。
そのため当然ながら，視覚や聴覚などの感覚モダリティに依存する。対象の知
覚情報処理にかかわる表象の機能的な特徴を反映する。つまり，視覚イメージ
だと，見えるものとしての体験と類似した特徴を示す。

(2) 命題的表象

　イメージとは，「解釈と抽象化を経て得られた言語的なもの」であると考える。
イメージを知覚体験に類似したようなものとしてはとらえずに，処理された記
号のようなものとしてとらえるべきだとする。絵画的なイメージの体験は随伴
的な現象であり，思考に用いられる表象は言語的・命題的なもの，つまり，コ
ンピュータのプログラムのような形式的な記号列だととらえる。そのため，感
覚モダリティには依存しない。

2　心的回転について

(1) 心的回転の特性

　心的回転には，次のような特性があることが知られている。①全体的にまと
まりのある形が回転対象とされる。②実際の物体を回転させる場合と同様に，
心的回転も連続的なイメージの回転として処理される。③回転を停止する際は，
すぐには止まらず，一定の減速時間が必要とされる。

(2) 身体表象，身体運動との関連

　佐伯（Sayeki, 1981）は，シェパードとメッツラー（Shepard & Metzler,
1971）で用いられたような3次元物体の最上部を人間の頭の絵にした刺激を用
いて心的回転を行なったところ，その反応時間が短くなることを発見した。ま

た，手足のような身体パーツの図を刺激に用いると，その身体部を動かすことのできる方向の回転は速いが，物理的に動かすことの困難な方向への回転は遅くなることが知られている（Sekiyama, 1982; Parsons, 1987）。

心的回転を要する課題を行なっている際に，実際に身体的な回転運動を行なわせると，その回転運動の方向が心的回転に影響することが報告されている。回転運動と心的回転が同じ方向である場合，判断に要する反応時間は短く，逆方向の場合は長くなるのである（Wexler, Kosslyn, & Berthoz, 1998; Wohlschläger & Wohlschläger, 1998）。

(3) 心的回転に関連する脳領域

心的回転には，前頭葉と頭頂葉が関与していると考えられている。脳機能イメージングで関連性が指摘されている具体的な領域としては，頭頂間溝周辺（intraparietal sulcus）の後部頭頂皮質（posterior parietal cortex），一次運動野と運動前野にまたがった中心前回領域（precentral gyrus），前頭前野（premotor cortex），前部帯状回（anterior cingulate cortex）などである（Zacks, 2008）。頭頂葉領域の活動は心的回転のアナログ的表象の回転と，前頭葉領域の活動は運動シミュレーションとの関連が示唆されている（Zacks, 2008）。

3 発展課題

心的回転のパフォーマンスには性差をはじめとした個人差が見られることが知られている（Voyer, Voyer, & Bryden., 1995）。データを男女の性別に分類してまとめ，それらの差異を検討してみるのもよい。その際の統計的分析としては，性別（2水準の被験者間要因）と回転角度（10水準の被験者内要因）の2要因の分散分析を用いる。

また，前項(2)でも述べたように，異同判断をさせる対象によって心的回転のパフォーマンスが変化することが知られ

好きな食べ物と嫌いな食べ物では心的回転のパフォーマンスに違いは出るだろうか？

ている。心的回転のパフォーマンスに影響しうる要因について考え，その要因の効果について実験を実施するのもよいだろう。

Column 1
実験で使用するコンピュータの時間精度

　心理学実験では，パーソナルコンピュータ（PC）を使用して実験課題の制御をすることが多い。刺激を一定の時間呈示し消したり，被験者の反応を測定したりすることが精確にできるからである。こうした実験制御の際には，精確な時間の計測が必要不可欠である。時間を精確に扱うことができなかったら，刺激を指定した時間呈示することも不可能である。

　最近の PC は非常に高速である。**中央演算処理装置（CPU）のクロック周波数**が 1 GHz だとすると，理論上はクロックの 1 周期に 1 演算を行なうので，1 秒間に 1,000,000,000 回の演算ができることになる。このような高速である PC を使用すると，心理学実験で求められるようなミリ秒単位の時間計測など簡単だと思えるかもしれないが，実際に PC を使用してミリ秒単位の時間を扱うことは難しい。その原因は**オペレーティングシステム（OS）**にある。OS は機械を制御する際の基盤となるプログラムであり，私たちユーザーは，OS を通してコンピュータに指示を与え，その計算結果を出力として得ている。Microsoft 社の Windows をはじめとする最近の PC で使用されている OS はマルチタスクといい，OS が複数の演算プロセスを並行して実行する。**マルチタスク OS** では，OS が演算の優先度や順序を決定し，ユーザーはそれを指定することができないようになっている。そのため，コンピュータで実際に演算を行なう CPU は 1 GHz のクロックで演算を行なうが，一つひとつの優先度や順序は必ずしも私たちが望むかたちではなされない。私たちにとっては，クロック周波数の 1,000,000 回に 1 回程度の精度で時間を計測できれば十分なのだが，それすらも困難なのである。

　このような測定時間精度の問題を根本から解決する方法の一つは，マルチタスク OS ではなく，**シングルタスク OS** を使用することである。シングルタスク OS では，演算が一つひとつ系列的に行なわれ，適切な手続きを使用すると，ユーザーもその演算の順序を指定できる。しかしながら，上記のように近年使用されている OS のほとんどがマルチタスク OS であり，さまざまなソフトウェアもその OS 上で使用されるように設計されている。そのようなソフトウェアはシングルタスク OS 上では使用することができない。また，グラフィックやサウンドなどの性能はあまり期待できず，精密な刺激の呈示には向いていないといえるだろう。

もう一つの解決法は，**リアルタイム OS** を使用することである。リアルタイム OS は，家電製品，産業用機器，医療用機器などに組み込まれているコンピュータ・システムで使用されることの多い OS で，ユーザーが演算処理の優先度を指定できるため，時間的に精確な処理を実行することができる。しかし，リアルタイム OS は産業利用が一般的である。つまり，一般向けのものではないため，データ分析などで使用する市販のソフトウェアを同じ OS 上で使うことは難しく，その点では不便だと思われる。

現実的な方法としては，マルチタスク OS で使用でき，かつある程度の時間精度が見込める専用のソフトウェアを使用する方法である。たとえば，E-prime（Psychology Software Tools 社）や，MATLAB（MathWorks 社）の上で動作する Psychotoolbox などである。最近心理学実験でよく使用される PsychoPy（Peirce, 2007）も，以前は時間精度に難ありといわれていたが，現在ではミリ秒精度の処理が可能と謳われている。これらのソフトウェアを使用したとしても，その時間精度は機器などの環境によって変わってくることが十分に考えられるので，想定した時間精度で実験制御が行なえているかどうかについては注意を払っておく必要があるだろう。

しばしば，被験者の反応時間の計測に PC のキーボードのキー押しを用いる場合があるが，反応時間を精確に測定するという点では，標準的なキーボードを使用することは適切な方法とはいえないことを留意しておくべきである。なぜなら，通常のキーボードのキー押しのタイミングは数 10 ミリ秒のタイムラグが見込まれるからである。このタイムラグが一定であれば，測定された時間から，そのタイムラグ分を減算することで実際の値を得ることができるが，マルチタスク OS では，そのタイムラグが不規則に変動するのである。そのため，精確な時間計測はできないと考えたほうがよい。

外部機器から PC への入力信号の検出の仕方には**割り込み**によるものと**ポーリング**によるものがある。割り込みを用いる場合は，入力機器から PC 本体へ割り込み信号を与える。この割り込み信号は特別な信号で，この信号が入力されると，本体側はそのとき実行されている処理をいったん止めて，割り込み処理と呼ばれる処理を優先して実行する。授業中に手をあげて（割り込み信号）先生に当ててもらい（本体からの承認），発言する（入力情報の伝達）ようなものである。この方法だと，割り込み信号が入力された直後に割り込み処理を実行できるので，ユーザーの想定している処理を時間的にかなり精確に実行できる。

一方で，キーボードやマウスなどの入力でも用いられているポーリングでは，PC 本体が入力機器の状態を，間隔を置いて読みにいくことで入力信号を取り込む。入

力機器側は単に信号を出力し続けているだけである。先生が生徒に意見を聞いていくようなもので，生徒は先生からたずねられると，意見がある場合はそれについて，ない場合もない旨を伝える。ポーリングの周期が高速だと，この方法でも十分に時間的に精確な情報を得ることができる。しかし，マルチタスク OS だと，他の処理の優先度が高いと OS が判断した場合は，その処理を先に実行し，ポーリング処理は後回しにされてしまう。その結果，ポーリングの間隔が十分に短くなく，結果的に情報の入力に遅れが生じてしまう場合がある。通常の PC の使用の際にはほとんど問題にならない数 10 ミリ秒程度の遅れだが，これが反応時間を計測したい場合は大きな問題となる。現状では多くの研究がキー押しを反応時間計測に用いており，キー押しタイミングの不規則に変動するタイムラグは誤差としてとらえられているようであるが，可能であれば，より精確な反応時間の計測法を模索したほうがよいように思う。

　このような入力機器の信号入力の際のタイムラグについては，適切な実験制御システムを組むことで回避できる。たとえば，ボタンなどを使用して，反応の信号を**デジタル信号入出力（I/O）**用のボードや**パラレルポート**を介して入力することが考えられる。ただ，この場合も，入力信号が時間的に精確に扱われないと意味がない。あるいは，実験機器メーカーが販売している反応計測用のデバイスを使用することも一つの方法である（いささか高価だが）。ゲームで使用されるような高性能のキーボードを使用することも一つの方法である。これによって時間精度は改善されるようだが，それでも 5 ミリ秒程度の誤差はあるようである（Muller & Piper, 2014）。少し面倒だが，フォトセンサなどを通じて刺激のオンセット・オフセットなどを検出し，その信号と被験者の反応の信号をアナログ信号として取り込むという方法もありうる。この方法だと，確実に刺激のオン・オフと反応の時間の同期を取ることができる。

視覚的注意と視覚探索

　この本のどこか適当なページを開いて，見開き2ページの中央の折れ目のところに目をとめてほしい。その状態で眼を動かさないまま，左右のページを同時に読むことができる人はいるだろうか。おそらくかなり字の大きな本であっても，左右のページを交互に読むことはできても，両方を同時に読むことはほとんどの人には不可能であろう。このように，私たちの脳は複数の対象を同時に処理することが非常に苦手であることがさまざまな研究で明らかになっている。日常生活で目の前に広がるさまざまな風景に対しても，意識的には一枚の写真を撮るようにそのすべてを一度に知覚しているかのように感じているが，ある一瞬一瞬ではその中のごく一部の情報のみを選択して処理しており，それを意識せず連続的に行なっていることで，普段の知覚体験が生み出されている。このような視覚的な情報に対してはたらく注意のことを**視覚的注意**（visual attention）と呼ぶ。本章では，この視覚的注意を検討するための**視覚探索課題**（visual search task）を実際に体験し，行動指標である反応時間からどのようにして視覚的注意のメカニズムを実験的に検討するのかを学ぶ。

1 節　背景

1　視覚的注意とは

　視覚的注意は大きく2つの種類に分類される。一つは，**顕在的注意**（explicit attention）で，もう一つは**潜在的注意**（implicit attention）である。私たちはある視覚的な場面の中で興味を引くものに対して，目を向けてその位置を注視するということを行なっている。この眼球運動を伴う注意のことを顕在的注意と呼ぶ。一方，私たちは目をある位置に向けたままで，別の位置に対して注意を向けることもできる。これは潜在的注意と呼ばれる。顕在的注意は文字通りどの位置に注意を向けているかが外から見てわかるが，潜在的注意はそうではないため，なんらかの方法で測定する必要がある。

2　視覚探索課題

　本棚に並んだ本の中から必要な本を見つけるときのように，私たちの日常では視覚的な情報をもとにそのときの行動に必要な情報を探す，探索行動を行なう機会が多くある。そのような課題を行なうときに視覚的注意がどのようにはたらいているのかを調べるための実験課題が視覚探索課題である。一般的な視覚探索課題では，探索画面としてコンピュータ画面上に記号や文字，図形などが複数含まれた刺激画面が呈示される。探索画面は，探すべき対象である**標的刺激**（ターゲット；target）と，それ以外の**妨害刺激**（ディストラクタ；distractor）から構成されている。半数の試行では探索画面内に標的刺激が存在しているが，残りの半数の試行では標的刺激が存在せず，探索画面は妨害刺激のみで構成される。このような状況で，被験者は画面内に標的刺激が存在するかどうかを判断し，できるだけ速く反応するように求められる。この反応にかかる時間を反応時間として計測することで，視覚的注意のふるまいが検討される。

　典型的な視覚探索課題を用いた実験では，セットサイズ（画面上の刺激の数）を操作し，反応時間への影響を検討する。セットサイズを横軸に，反応時間を縦軸にとってプロットして線形回帰した関数は**探索関数**（search function）

と呼ばれる。探索関数には**傾き**（slope）と**切片**（intercept）の2つのパラメータがあり，このうち傾きは探索される刺激が1つ増えることによってどのぐらい反応時間が増減するかを示しており，視覚探索における視覚的注意処理の効率（efficiency）を反映する指標として用いられる。一方，切片は反応生成や意志決定などの視覚的注意処理以外の要因を反映しているとされる。

図 9-1 に示したように，探索関数の傾きから視覚探索は大きく2つに分類される。たとえば，標的刺激が単一の特徴から定義されている探索（たとえば，複数の赤の垂直線分の中から緑の垂直線分を探す場合）の場合，画面上の刺激の数および標的刺激の有無によって反応時間が変化せず，傾きが小さい平坦な探索関数が得られる。つまり，探索すべき対象が増えても注意はただちに標的刺激に向けられ，また標的刺激が存在しないことも一目でわかるといったように，注意処理が非常に効率的に行なわれる。このような探索は，画面上のすべての刺激を並列的に処理しているように見えるため**並列探索**（parallel search）あるいは**効率的探索**（efficient search）と呼ぶ。また，あたかも標的刺激が画面から飛び出してくるように感じられることから，このような視覚探索を**ポップアウト**（pop out）と呼ぶこともある。一方，標的刺激が複数の

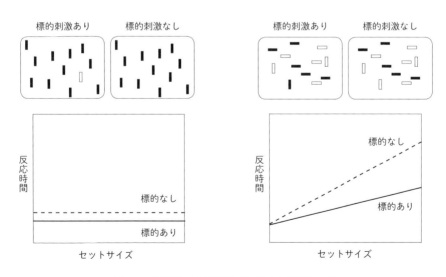

図 9-1　2種類の探索種類と典型的な探索関数の例

第9章　視覚的注意と視覚探索

特徴の組み合わせによって定義される探索課題（たとえば，さまざまな角度を
もつ赤・緑の線分の中から赤の垂直線分を探す場合）では，セットサイズの増
加に伴って反応時間も増加し，相対的に大きな傾きをもった探索関数が観察さ
れる。つまり，標的刺激の場所が一目ではわからないため，注意によって一つ
ひとつの刺激を巡回することによって探索が行なわれている。さらに，標的刺
激がある場合とない場合を比較すると，後者では前者の約2倍の傾きをもった
関数が観察される。これは，標的刺激がある場合は，標的刺激に注意が到達し
た時点で探索をやめて反応することができるが，ない場合はすべての刺激に対
して注意を向けてからでないと反応できないためである。標的刺激がある場合
には，期待値として約半数の探索刺激に注意を向けた時点で見つかるため，傾
きもおよそ2倍になるのである。このような探索のことを，**系列的探索**（serial
search），あるいは**非効率的探索**（inefficient search）と呼ばれる。探索関数
の傾き，すなわち視覚探索の効率は，標的刺激を定義する特徴の数だけで決ま
るのではなく，標的刺激の物理的特性や，標的刺激と妨害刺激の類似性など，
さまざまな刺激の物理的要因によって影響を受ける。さらに，観察者がもって
いる知識や記憶，課題に対する構えなどの観察者要因によっても影響を受ける。
本実習テーマでは，この視覚探索課題を実際に体験し，視覚探索課題における
視覚的注意のはたらきについて考察する。

2 節　実習

1　目的
　視覚的注意を検討する視覚探索課題を行ない，探索関数を算出する。刺激の
特性によって視覚探索の効率がどのように変化するかを確認する。

2　方法
(1) 被験者
　日常の生活に支障のない視力（コンタクトやメガネによる矯正視力も含む）
をもつ者。12名程度の被験者のデータを分析に用いる。

(2) 実験計画

本実験は，被験者内3要因実験計画で行なう。第1の要因は，画面に呈示する刺激の数，すなわちセットサイズで，3，6，12の3水準を設定する。第2の要因は標的刺激の有無で，半数の試行では探索画面内に標的刺激が存在するが，残り半数の試行では画面はすべて妨害刺激で構成される。これら2つの要因によって探索関数を算出することができる。そして，第3の要因は標的刺激の種類である。今回の実験では2種類の刺激を用意し，そのいずれかが標的刺激とし，もう一方を妨害刺激とする（詳しくは後述）。これを入れ替えて課題を行なうことで，探索関数にどのような影響がでるかを検討する。

(3) 実験装置

視覚探索課題では刺激呈示や反応時間の測定を厳密に制御する必要があるため，PC上で動作する実験用プログラムが必要となる。巻末の付章でオープンソースの心理学実験ソフトウエアである **PsychoPy** による実験プログラムの作成方法を紹介しているので，以下はそれに従ってプログラムを作成したものとして説明する⓪。反応取得はキーボードで行なう。

(4) 刺激

実験刺激はPowerPointなどのプレゼンテーションソフトを用いて作成する。スライドの背景を黒色に設定し，その上にテキストツールや図形描画ツールを用いて探索刺激を配置し，探索画面を作成する⓪。探索刺激は2種類作成し，そのいずれが標的刺激（妨害刺激）になるかを操作する。今回は丸と，丸の下部に垂直線分をつけたものを刺激として用いることとする（図9-2に例をあげる）。

探索画面の種類は，2(探索種類)×3(セットサイズ)×2(標的の有無) = 12種類あるが，それぞれに10～12枚の探索画面を作成する。刺激サイズや呈示範囲は実際に実験に使うディスプレイで確認し，刺激が見にくくならないように調整する。実験全体をとおして標的刺激の位置や妨害刺激の配列に，被験者が探索する際に手がかりとなるような偏りがでないように，注意する必要がある。また，練習試行や教示の際に呈示するためのサンプルとなる画面も作成する。

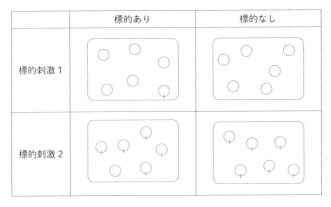

図9-2 セットサイズ6の刺激画面例
2種類の刺激を作成し,スライド内に配置することで刺激画面を作成する。

(5) 手続き

2つの探索種類を順に実施する。試行種類ごとに10枚の刺激を作成した場合,各探索種類の試行数は60試行となる。これを1ブロックとして,各探索種類を順に1ブロックずつ,計2ブロック行なう。各ブロックでは,練習試行を10試行程度行なった後に,本試行を行なう。探索課題の実施順序は,順序効果を相殺するために,被験者間でカウンターバランスを行なうこと。

被験者に対しては練習試行の前に課題内容に関する教示を行なう。教示では,探すべき標的刺激が何かを説明したうえで,反応に使うキーの説明,反応をできるだけ速くかつ正確に行なうことを伝える。被験者が課題内容を理解し,準備ができたことを確かめたら,練習試行を行なう。練習試行が終了したら,被験者に何か不明な点がないかを確認し,問題がなければ,本試行の教示を行なう。本試行の教示は,基本的には練習試行と同様の内容であるが,被験者が実験に集中できるように,実験全体の所要時間や,何試行ごとに休憩をとるかなどについても知らせておくとよい。

実験終了後,実験中に気がついたことなどについて内省報告を求め,記録しておく。

3 結果の分析

　12種類の試行種類ごとに全被験者の平均反応時間および平均正答率（誤答率）を算出する。算出した値を，縦軸に平均反応時間，横軸にセットサイズをとった折れ線グラフに示す。さらに，各探索種類においてセットサイズに対する反応時間の1次関数（探索関数）の直線の傾きと切片を求め，回帰直線を描画する。

　今回，まず着目するのはセットサイズの変化による反応時間の変化，すなわち探索関数の傾きが条件によってどのように異なっているかである。目視で，探索種類による傾きの変化を確認する。いずれの探索種類において，より急な傾きが観察できるであろうか。また，それぞれの探索種類において，標的刺激の有無による反応時間のパターンはどのように変化しているであろうか。さらに，上述した効率的／非効率的探索のいずれにそれぞれの条件は当てはまると考えられるであろうか。

　探索関数が探索種類によってどのように変化しているのかを確認するために，分散分析を用いる。探索種類(2)×セットサイズ(3)×標的の有無（2）の被験者内3要因分散分析を行ない，交互作用が有意であれば，単純主効果の検定を行なう。3要因の分散分析を未習の場合には，探索条件ごとにセットサイズ（3）×標的の有無（2）の2要因分散分析を行なってもよい。今回の分析では，交互作用の解釈が重要なポイントとなる。探索関数はセットサイズに対する反応時間の関数であるので，その傾きの違いはセットサイズとの交互作用のかたちで現われる。たとえば，探索種類とセットサイズの交互作用が有意であるということは，セットサイズの効果（すなわち傾き）が探索種類によって異なることを示していると考えることができる。また，標的の有無が探索関数の傾きにどのように影響しているかを探索種類ごとに検討する。

4 考察のヒント

　分析によって，それぞれの探索において反応時間がどのようなパターンを示しているのかが確認できたはずだ。先行研究と同様の結果が得られたかどうか確認してみよう。並列的探索あるいは系列的探索と考えられる探索関数は得られただろうか。それぞれの刺激の特性から，なぜそのような探索関数が得られ

たのか考察してみるとよい。また，誤答率（あるいは正答率）の分析を被験者の個人データおよび総平均のデータから行ない，被験者が課題を正確に行なっているかどうかを確認する。刺激にもよるが，誤答率が 10％を超えているような場合には，刺激に問題があるか被験者が正しく課題を理解していなかった可能性もある。実験全体をふり返って，実験実施の手順に改善すべき点がなかったかどうかについても考察する。

3 節　解説と発展

1　視覚探索と視覚的注意のモデル

　視覚探索課題は，注意だけではなく，眼球運動の制御，記憶，報酬や意志決定にかかわる知覚・認知メカニズムを調べるために，心理学だけではなく，神経科学や生物学，工学など多くの分野で膨大な数の研究が行なわれてきた。

　前述のように，探索関数は刺激の特性によってさまざまに変化する。その変化をもとに，視覚探索処理における注意の制御や物体認識の認知プロセスをモデル化しようとする試みがなされてきた。その中で最も影響力の大きかったモデルが，トリーズマンによって提案された**特徴統合理論**（feature integration theory; Treisman & Gelade, 1980）である。このモデルの特徴は，注意の役割が，注意が向けられた位置に存在する複数の特徴を結びつけることであるとした点である。このモデルでは，2つの段階をとおして視覚探索が行なわれると考える。第1段階では，刺激のもつ特徴（色・大きさ，傾きの方向など）がそれぞれ独立した特徴マップと呼ばれるモジュールで自動的かつ並列的に処理されて表象がつくられる。この段階では注意はかかわらないため，前注意的処理とも呼ばれる。続いて，第2段階では，ばらばらに処理・表象された特徴を結びつけて，一つの物体として認識するために，位置マップ上のある空間位置に注意が向けられる。注意が向けられることによって，その位置に存在する特徴が各特徴マップから引き出されて，統合されることによって一つのオブジェクトとして認識されるのである。統合されたオブジェクトは，オブジェクトファイルと呼ばれる一時的な保管場所に記録され，それが標的刺激かどうかを判断

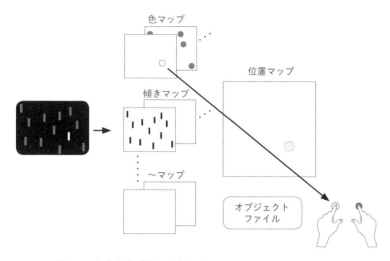

図 9-3　標的刺激が単一の特徴で定義されているときの探索処理

するために記憶内容と照合するなどの処理が行なわれる。

　このモデルによって，実際の視覚探索の結果がどのように説明できるかみてみよう。図9-3は，緑色の垂直線分（▮）の中から赤色の垂直線分（▯）を見つける課題状況を図示している。この場合，画面上の刺激の特徴の処理には注意が必要なく，自動的に特徴マップに表象される。この探索では，色だけに着目して，赤色を検出すればよいので，赤を表象している特徴マップをチェックするだけで標的が存在しているかどうかを知ることができる。この場合は，刺激の数が増えてもそれと関係なく検出を行なうことができるので，平坦な探索関数の傾きを示す効率的な探索が行なわれる。

　一方，図9-4では，複数の特徴によって標的が定義される場合，すなわち緑色の垂直線分と赤色の水平線分の中から，赤色の垂直線分を探す課題状況を図示している。この状況では，標的の特徴（赤・垂直）は妨害刺激と共有されているため，それぞれの特徴マップをチェックしただけでは標的が存在するかどうかを知ることができない。そのため，注意による逐次的なチェックが必要となる。注意はスポットライトのようなかたちで，位置マップの一部に向けられる。注意が向けられた部分を介して，それぞれの特徴マップから情報を呼び出

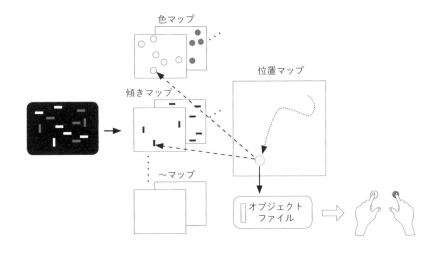

図 9-4　標的刺激が複数の特徴で定義されているときの探索処理

すことができるため，色マップから赤，方向マップから水平という情報が送られてきたら，その場にある刺激が赤の水平線分であることがわかる。この情報はオブジェクトファイルに送られて，あらかじめ定められた標的刺激と同じものかが照合される。この場合は，この位置にある刺激は標的刺激ではないので，注意はまた別の場所に向けられて，同じように処理が進む。これを繰り返すことによって，最終的に標的にたどり着くか，すべての刺激をチェックし終えるまで探索が続けられる。そのため，刺激の数が増加することによって反応時間が上昇する急峻な傾きをもった探索関数が観察される。また，標的が存在する場合には，見つめた時点で探索を終了するのに対して，存在しない場合はすべての刺激をチェックするまで探索を終えることができないので，後者において探索関数の傾きが約 2 倍になる。

　特徴統合理論は単に視覚探索課題の結果を説明するモデルではなく，注意を必要としない無意識的な刺激特徴の処理と，注意によって情報を統合し意識にのぼらせる処理の 2 段階の構造をもった視覚的な物体認識にかかわる認知モデルとして提案された。特徴統合理論はその後多くの検証が行なわれ，当初提案されたような厳密な 2 段階処理では説明できないような現象も多く報告されて

いる。そのため，より説明力を高めた新しいモデルも提案されている。

2　探索非対称性

探索非対称性（search asymmetry）とは，視覚探索課題において，標的刺激と妨害刺激を入れ替えることによって探索効率が大きく変化する現象である。たとえば，図9-5（a）のように単なる円の中から縦線のついた円を見つけるのは非常に簡単であるが，図9-5（b）のように刺激を入れ替えて，縦線つきの円の中から単なる円を探そうと思うと難しくなる。個々の刺激がもっている特徴の「あり」「なし」のいずれを探索するかによって処理の効率が変わることを反映していると考えれば，特徴統合理論でうまく説明することができる。つまり，縦線は線分の方向の特徴マップを活性化させると考えれば，線分があることを探す図9-5（a）では方向マップ内のどこかに活動があれば，すぐに「標的がある」と判断することができる。しかし，図9-5（b）では線分がないことを探索することになるので，縦線のついていない円を探すためには，一つひとつの刺激に注意を向けなければならない。そのため，反応時間に対するセットサイズの効果が生じ，探索関数の傾きが急峻な非効率的な探索が行なわれることになる。

　探索非対称性を調べることで，探索処理において刺激に含まれるどのような

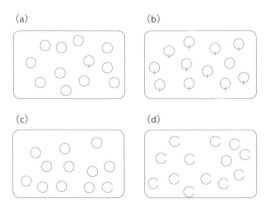

図 9-5　探索非対称性が生じる刺激の例

情報が基本的な特徴として扱われるのかを調べることができる。つまり、探索非対称性が起こったときに、両者の刺激を比べて片方だけに「ある」情報が基本的特徴であると考えられるのである。たとえば、図9-5 (c) と図9-5 (d) を比べると、(c) のほうがより簡単に標的刺激を見つけることができるだろう。この場合は、線分の切れ目（あるいは端点）が基本的特徴として扱われ、その「あり」「なし」をもとに探索が行なわれていることが推測できる。

　ただし、最近の研究では刺激のもっている特徴によらない探索非対称性の現象も報告されている。刺激がもつ新奇性や被験者のもっている知識が影響するという現象である。たとえば、図9-6 (a) と図9-6 (b) で一つだけ異なっている標的刺激を見つけようとすると、後者でより時間がかかる。これは、倒立している刺激は、そうでない正立の刺激よりも普段見る機会が少なく、高い新奇性をもっているためであり、刺激の新奇性が探索効率に影響することを示していると解釈することができる。また、図9-6 (c) と図9-6 (d) の画面で、一つだけ異なる文字を標的刺激として探索する場合、日常的に漢字を使用する中国語を母語とする人は、図9-6 (c) のほうが探索が速くなるという探索非対称性が生じるが、英語を母語とする人ではそのような非対称性は生じない (Shen & Reingold, 2001)。これは漢字に対する知識によって刺激の新奇性が変化し、探索効率に影響したためと考えられる。

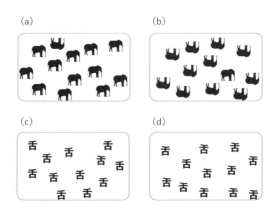

図9-6　刺激の新奇性によって探索非対称性が生じる例

実習の発展として，探索非対称性が生起するような実験刺激を自分たちで考案し，実際に反応時間を測定して現象の生起を確認するとよい。刺激の特性だけではなく，観察者の知識や記憶の要因も考慮して実験計画を立案することで，さらにアイデアが広がるだろう。

　参考図書として，熊田孝恒の『マジックにだまされるのはなぜか』（2012）は，視覚探索課題をはじめとした視覚的注意の研究について，マジックを題材にしながら初学者にもわかりやすく説明しており，お薦めできる。さらに専門的な知識を学びたいのであれば，視覚的注意に関する研究を最新のものまで含めて網羅的に紹介している『注意：選択と統合』（河原・横澤，2015）にあたるとよい。

学習・記憶

　第4部では心のはたらきのうち，情報を保存する記憶と，経験によって行動を変化させる学習にかかわる実験を紹介する。学習と記憶の関係はいささかややこしい。学習は比較的永続的な行動の変化であるが，学習された「何か」は記憶だといえる。これらは，私たちヒトも含めた動物の大きな能力の一つだといえるだろう。

系列位置効果

　友人たちと一緒にいる場面。友人の一人から電話番号を聞き，これから電話をかけてお店の予約をしようとしている。電話はつながり，無事予約をとることができた。このような場合，電話番号を聞いてから電話をかけるまでの間はその番号を覚えておけるが，電話が終わってしまうと，その番号は忘れてしまうのではないだろうか。記憶はなくなってしまいやすいものである。しかし，そのお店が気に入り，何度も予約の電話をかけることを繰り返すと，そのうち電話番号を覚えてしまい，最初にかけたときのように，電話が終わると番号を忘れてしまうというようなことはなくなる。なくなってしまいやすかった記憶がなかなか消えない記憶になったことになる。本章では，このような記憶に関する実験を紹介する。

1 節　背景

1　記憶

　私たちヒトも含めた動物は，感覚器から外界の情報を入力し，その情報を処理したものをもとに，効果器である筋肉を動かすことによって外界へ情報を出力する。利用できる情報は，その時点に存在している情報だけではなく，眼前

から情報源がなくなってしまっても，保存された情報を後で取り出して利用することができる。このような情報を入力し（**記銘・符号化**），保存（**保持・貯蔵**）したうえで，後で取り出して（**想起・検索**）利用することを記憶と呼ぶ。

記憶はしばしばいくつかの側面から分類されるが（第3節参照），その一つに記憶の持続時間によって**短期記憶**と**長期記憶**に分けるものがある。短期記憶は，数秒から数10秒間持続する記憶だが，長期記憶は半永久的に持続すると考えられている。短期記憶の内容は，思い出すこと（**リハーサル**）が何度も繰り返されることで長期記憶になると考えられている。

2 再生と再認

実験的に記憶を調べる際に用いられる手続きとして，**再生**と**再認**がある。再生は，検索の手がかりがない状態で，記憶している内容を被験者自身に産出させる手続きである。再認は，実験者が検索の手がかりを呈示し，被験者は記憶している内容と一致しているか否かを回答する手続きである。

3 自由再生法

再生法の一つに**自由再生法**がある。これは，複数の情報を覚えさせた後，その記憶内容を再生させる際に，呈示された（記銘した）順序には関係なく，思い出した順に答えさせる方法である。

自由再生法では，被験者が再生した内容の正否だけではなく，その再生順序も分析対象となりうる。たとえば，再生率と再生順序から「記憶の強度」を検討することが可能である。体制化された項目は近い順序で再生される確率が高いと考えられる。

4 系列位置効果

複数の刺激からなる刺激系列を呈示した後に，その刺激に関する記憶を問う課題を行なった場合，その刺激が呈示された順序，つまり系列内の位置によって，記憶パフォーマンスが異なっていることがしばしば観察される。このような系列位置によってパフォーマンスが異なることを**系列位置効果**（serial position effect）と呼ぶ。

系列位置効果の代表的なものとして，**初頭効果（primacy effect）**と**新近性効果（recency effect）**がある。初頭効果は系列の始めのほうの刺激のパフォーマンスが系列の中央付近の刺激よりも高い現象であり，新近性効果は系列の最後のほうの記憶パフォーマンスが系列中央付近よりも高い現象である。

2 節　実習

1　目的
　本実験では，無意味綴り系列の記憶において，系列リスト呈示から回答までの間に妨害課題を含んだ遅延を設定することで，リハーサルを阻害することが系列位置効果へ与える影響を検討する。

2　方法
(1) 実験条件
　被験者を，系列刺激を記銘させた直後に自由再生させる直後再生群と，一定時間の妨害課題を課す遅延再生群にランダムに振り分ける（被験者間実験計画）。実習環境によっては，2名ずつをペアにして，ペアの1名を直後再生群，もう1名を遅延再生群として実施してもよいだろう。

(2) 材料
　梅本ら（1955）を参考に有意味度の低い2音からなる無意味綴り60語を用意する。それを，15語ずつの4つのリストに分ける。刺激は，プレゼンテーションソフトなどを使用してコンピュータディスプレイ上に呈示するとよい。その際，プレゼンテーションソフトのアニメーション機能を使用して，一定時間経過後に画面が切り替わるように設定する。スライドショーの最初には条件名を表示するようにし，キー押しによって試行が開始するように設定するとよい（図10-1）。

110　第4部　学習・記憶

(a) 直後再生条件

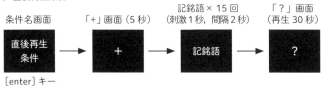

(b) 遅延再生条件

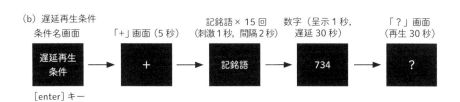

図 10-1　課題の流れ 🅓🅛

(3) 手続き

試行が開始すると，画面中央に注視点である「＋」が5秒間呈示される。被験者には，これを注視させる。その後，記銘語である無意味綴りが呈示時間1秒，刺激間間隔2秒で15回呈示される。被験者には，記銘語の呈示終了後，呈示された刺激を自由再生させ，用意しておいた回答用紙に記入させる。再生時間は30秒間とする（図10-1）。これを1試行とし，用意しておいた他のリストを用いて，直後再生群，遅延再生群それぞれの課題を複数試行繰り返す（たとえば4試行）。

実験の開始前には，被験者に以下の点の教示を与える。

・画面中央に「＋」の注視点が呈示され，一定の時間後に2文字の無意味綴りが一定の間隔で呈示されること。
・それらを覚えて，いくつかの刺激が呈示された後に呈示される合図（たとえば「？」）が呈示されると，呈示された無意味綴りを想起し，それを回答用紙へ記入すること。
・語の順番は気にせず，思い出した順に記入すること。
・遅延再生条件の場合は，無意味綴りのリストが呈示された後に3桁の数字

が呈示され，その数字から3を引き，口頭にてその解を答えること。また，さらにその解から3を引いた値を答えるというように3を引いた値を答え続けること。

3 結果の分析

図 10-2 のような集計表を使用してデータの集計を行なう。例では，縦方向が試行，横方向が系列位置となっており，列の一番右は誤答欄となっている。

集計表に，正しく再生できた項目の系列位置の欄に，その再生された順番を書き入れる。誤答についても，同様に誤答欄に再生された順番を記入する。系列位置ごとに正しく再生できた試行数を合計欄に記入していく。正しく再生できた試行がまったくなかった系列位置については，0を記入する。各被験者に

結果集計表

試行	系列位置															誤答
	1	2	3	4	5	6	7	8	9	10	11	12	13	14	15	
1																
2																
3																
4																
計																

図 10-2　結果集計表の例 DL

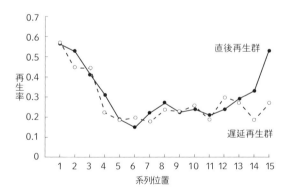

図 10-3　結果（系列位置曲線）の例

おいて，各系列位置の正再生率を算出する。その正再生率の値を各被験者の代表値として，系列位置ごとの平均正再生率を算出し，折れ線グラフ（系列位置曲線）としてプロットする（図10-3）。

統計的分析としては，系列位置（1 〜 15の15水準の被験者内要因）と，再生条件（直後再生と遅延再生の2水準からなる被験者間要因）の2つの要因を独立変数，正再生率を従属変数とした2要因分散分析を実施する。

4 考察のヒント

考察の際には，次のような点に着目するとよいだろう。

・それぞれの実験条件について，系列位置効果（初頭効果，新近性効果）が生じたといえるか否か？
・再生条件の違い（直後再生か遅延再生か）によってそれぞれの効果に違いは見られたか？
・違いがあった場合は，なぜそのような違いが生じたのか？
・短期記憶・長期記憶との関連は？

3 節　解説と発展

1 記憶の分類

記憶はいくつかのかたちで分類されることがある。一つは，記憶情報として保持している内容をもとにした分類である。たとえば，記憶内容を言語化できるものを**宣言的記憶（陳述記憶）**とし，言語として内容を説明できないような記憶を**非宣言的記憶（非陳述記憶，手続き記憶と呼ばれることもある）**として分類する（Squire, 1987）。宣言的記憶は，さらに，「いつ」「どこ」「なに」といったことで記述できるような出来事の記憶である**エピソード記憶**と，「日本の首都は東京である」といったような事実の記憶である**意味記憶**に分類される。非宣言的記憶には，条件づけ，運動技能，スキルなどといったものが含まれる。

第 10 章　系列位置効果　113

また，記憶は，その持続時間によっても分類されることがある。相対的に持続時間の短い記憶を**短期記憶**（short-term memory），それが長いものを**長期記憶**（long-term memory）とする分類である。よく知られている記憶モデルの一つに，アトキンソンとシフリン（Atkinson & Shiffrin, 1968）の二重貯蔵モデルがある。このモデルでは以下のようなかたちで情報の保持がなされると考えられている。まず，感覚器をとおして入力された

暗記している電話番号は長期記憶として保持されている

外界の刺激情報は，**感覚記憶**としてごく短い時間（視覚情報だと，1秒程度の時間），感覚登録器に保持される。その後，注意を向けられた刺激の情報が短期貯蔵庫に送られる，さらに短期貯蔵庫に保持された情報が何度もリハーサルされることによって長期貯蔵庫に送られる。短期貯蔵庫に保持される情報を短期記憶，長期貯蔵庫に保持される情報は長期記憶とされ，短期記憶の持続時間は，リハーサルをされない場合は数10秒程度とされるが，長期記憶は半永久的に情報が保持されると考えられている。また，短期記憶と長期記憶は，記憶できる情報の容量にも違いがあると考えられている。短期貯蔵庫の記憶容量には限界があるが（7±2項目），長期貯蔵庫の容量には限界がないとされている。近年では，短期記憶の代わりに，より能動的に情報を認知的に処理するという側面を重視した**ワーキングメモリ**（**作動記憶**，**作業記憶**とも呼ばれる）として扱われることが多い。

　リハーサルには，単にその情報を繰り返し活性化させる維持リハーサルと，精緻化リハーサルがあるとされている。精緻化リハーサルでは，情報を整理してまとめる体制化や，既存の長期記憶と結びつける精緻化という処理がなされ，記憶情報を長期記憶化するような処理を伴うと考えられている。

2　初頭効果と新近性効果の出現理由

　初頭効果は，リハーサルにより系列初期の項目の記憶が長期記憶となったこ

とを反映すると考えられている。系列内の項目はリハーサルが繰り返されるが，その回数はリストの初頭付近の項目のほうが，リスト中央部の項目よりも多いと考えられる。リハーサルが繰り返されることによって，リスト初頭付近の項目の情報はより長期貯蔵に移されやすくなると考えられる。

　一方，新近性効果は短期記憶を反映している。リストの最後に近い項目の呈示は，時間的に回答に近いため，その情報はまだ短期貯蔵に保持されている可能性が高い。そのため，それらの項目の再生率は高くなるのである。リストが呈示されてから回答までの間に遅延を挟み，さらにその遅延期間中に妨害課題を課すことによってリハーサルを阻害すると（遅延だけだとリハーサルが可能），新近性効果は減弱する（Postman & Phillips, 1965）。

3　発展課題

　系列位置効果に変化を与える実験条件を考え，その実験を実施してみる。たとえば，前述のように系列刺激呈示から再生反応までの間に遅延を置き，その間に妨害課題を与えることで，新近性効果は減弱する（Postman & Phillips, 1965）。刺激の呈示の間隔を短くし，高速で系列刺激を呈示するなどの方法で，リハーサルを妨害すると，初頭効果が減弱することが知られている（Glanzer & Cunitz, 1966）。

　各系列位置の再生率を得るためには，最低でも4試行のデータを得ることが望ましい。4試行中の正解試行数で再生率を算出するためである（この場合，再生率は，0.00，0.25，0.50，0.75，1.00のいずれかになる）。十分な実験時間を確保できるのであれば被験者内デザインの実験を計画してもよいが（この場合は実験条件4試行，統制条件4試行の計8試行となる），被験者間デザインを用いるのがよいだろう。系列位置効果に変化を与える要因を考え，その要因を操作した群を実験群，操作を加えずに刺激系列呈示の直後に再生させる群を統制群とし，被験者をいずれかの群に割り当て実験を実施する。

　考察の際には，①得られた結果が仮説を支持するものだったのか否か，②考えた要因が，系列位置効果（初頭効果あるいは新近性効果）に想定した変化を与えたか否かについて述べるとよいだろう。また，いずれの結果の場合でも，その理由について，どのような結果・データからそれが言えるのかを論理的に

考える必要がある。

4 補足

　さらに発展的な内容として以下の点を述べておきたい。系列位置効果については，ここで紹介した結果とは異なる報告もある。たとえば，条件によっては，新近性効果が長時間続くことも観察される（Bjork & Whitten, 1974）。初頭効果についても，長期記憶へ転送されたことを反映しているのではなく，系列初期の項目が単にリハーサルによって維持されることで生じることが示唆されている（Jacoby & Bartz, 1972）。このように現在では，初頭効果が長期記憶を反映し，新近性効果が短期記憶を反映するという単純なとらえ方がされることはあまりない。このあたりの最近の考え方を知りたい場合は，ダベラーら（Davelaar, Goshen-Gottstein, Ashkenazi, Haarmann, & Usher, 2005）などを参照すればよいだろう。

鏡映描写

　いまこの本を手に取っている人の多くは学生だと思われる。つまり何かを学んでいる最中の人である。何かを学ぶとはなんだろうか？真っ先に頭に浮かぶのは，授業を受けて新しい知識を身につけることなどではないだろうか。他にも，繰り返し練習することによってサッカーのシュートがうまくなること，レッスンをしてピアノがうまく弾けるようになること，先生が歌うのを聞いてメロディを覚えることなども，「何か」を学んでいることになる。このような，何かを学ぶことを心理学では学習と呼ぶ。本章では，学習，特に運動学習に関する実験を紹介する。

1節　背景

1　学習

　学習とは，先にあげた例のように，経験によって生じる比較的永続的な変化のことを指す。学習には，**馴化**（habituation），**鋭敏化**（sensitization），**古典的条件づけ**（classical conditioning，あるいは**レスポンデント条件づけ**；respondent conditioning，**パブロフ型条件づけ**；Pavlovian conditioning と

も呼ばれる），**道具的条件づけ**（instrumental conditioning，あるいは**オペラント条件づけ**：operant conditioning とも呼ばれる）などが含まれる。馴化は，ある刺激が何度も繰り返し呈示されると，それに対して生じる反応が減弱する現象である。たとえば，静かな部屋の中で，突然大きな音が鳴ると驚く反応（驚愕反応）が生じるが，何度も音が鳴っていると，しだいに驚愕反応は小さくなっていく。馴化とは逆に，鋭敏化は，刺激が繰り返されることによって，それに対する反応が増大する現象である。たとえば，大きな地震を経験した後では，それを経験する前には何も引き起こされなかった比較的小さな揺れに対しても恐怖反応が喚起されるようなことである。馴化と鋭敏化は一つの刺激に対して生じる学習の例だが，古典的条件づけや道具的条件づけは，複数の事象の間に生じる学習の現象である。古典的条件づけは，ベルが鳴ったらエサが出るといった「刺激」と「刺激」の結びつきの学習であり，道具的条件づけは，レバーを押したらエサが出るといった「反応」と「刺激」の間の結びつきの学習である。

2　知覚運動学習

　学習の中でも，目と手の協応を必要とするような運動技能が，練習によって上達する過程のことを**知覚運動学習**（perceptual-motor learning），あるいは，**感覚運動学習**（sensory-motor learning）と呼ぶ。自身を取り巻く環境や，その中にある具体的な対象の知覚に基づいて，それらに対して自身の身体的動作を協応させることである。運動が上達するということは，その運動が速く正確かつ安定的になっていくことである。たとえば，練習によってキャッチボールが上手になることや，鏡を見て上手に化粧ができるようになることなどが例としてあげられるだろう。

3　鏡映描写課題

　鏡映描写課題は，知覚運動学習課題の一種であり，鏡に映った図形を見ながら，図形を描かせる課題である。新奇な状況において，練習によって，どのような上達過程を示すかが問題とされる。この課題では，鏡を通すことで，通常とは左右が反対方向に動く様子を見ることになるので，見た目の動きと身体運動の関係，つまり，過去に形成された知覚－運動協応をいったん破壊し，新

たに別の協応を形成していくことが求められる。

2節　実習

1　目的

　本課題の目的は，知覚運動学習課題である鏡映描写課題を用いて，協応動作を反復練習することによってどのように上達するのか，その過程を調べることである。具体的には，反復試行に伴う鏡映描写課題の実行によって，どのような学習曲線が得られるかについて検討する。

2　方法

(1) 材料

　鏡映描写器1台を，被験者からは直接図形が見えず，鏡の反射をとおしてのみ図形が見えるように設置する（図11-1 (a)）。星形（溝の幅は4 mm）図形を印刷した用紙（図11-1 (b)）を被験者1人につき10枚用意する。描写に用いるため，比較的短い鉛筆2, 3本を用意する。シャープペンシルやボールペンは使用しないほうがよい。課題の遂行に要する時間をストップウォッチによって計測する。

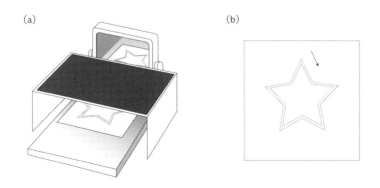

図 11-1　鏡映描写器と課題図版

(2) 手続き

　被験者を，鏡映像のみが見え，手元は見えないように着席させ，利き手に用意した鉛筆を持たせる。課題についての教示を与える（あらかじめ用意しておく）。教示には以下のことを含める。

①実験者の「始め」の合図に従って，星形の溝の中（コース）を鉛筆の先ではずさないようにできるだけ速く一周すること。
②鉛筆の先は常に紙面から離さないこと。
③途中でコースからはずれた場合は，鉛筆の先を紙面から離さないようにして，コースの元の位置にもどること。
④星形の頂点の一つをスタート地点として，時計回りに（反時計回りでもかまわないが，統一しておくこと）コースをたどっていくこと。

　実際に課題を実施する前に，練習試行は実施しないように注意する。課題の各試行においては，被験者に目を閉じさせ，その手を誘導し，紙面上の出発点に鉛筆の先を置くようにする。そして，「目を開いて——用意——始め」という合図を与え，課題を開始する。紙面上の星形のコースを一周すると，いったん鉛筆を図形から離させ，再び目を閉じさせる。以上を1試行として，それぞれの被験者について，すべて利き手で10試行実施する。試行間間隔（intertrial interval：ITI）は5秒とし，このときに，データの記録，次の試行の課題用紙をセットする。各試行のタイムアウトは180秒とし，180秒経過した場合は描写中であっても試行を終了する。

3　結果の分析

　所要時間，逸脱回数のそれぞれについて，試行ごとに平均値を算出する。そのデータを用いて学習曲線（縦軸を学習の指標，横軸を試行とした折れ線グラフ）を作成する（図11-2）。この際，被験者ごと（自分のデータ）に学習曲線を作成した後に，被験者全員のデータで作図し，個人データと被験者全員の平均値とを比較してもよいだろう。統計検定としては，得られた平均値のデータについて，試行を被験者内要因とする1要因10水準の分散分析を行なう。

120　　第4部　学習・記憶

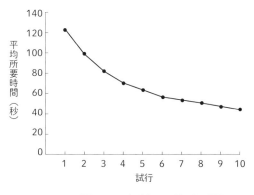

図 11-2　各試行の平均所要時間

4　考察のヒント

考察では，所要時間と逸脱回数のそれぞれの学習曲線において，どのような変化が見られたのかについてとらえ，鏡映描写の上達過程の特徴について考察する。また，個人データと被験者全員のデータとを比較し，個人差について考察してもよいだろう。

3 節　解説と発展

1　知覚運動学習についての補足
(1) 結果の知識

学習，特に運動学習が進行していくためには，対象となる運動をただ繰り返すだけでは効果は見られず，その運動が行なわれた結果に関する情報が与えられなければならないといわれている。このような，ある行動を行なった結果についての情報を**結果の知識**（knowledge of results：KR）と呼ぶ。外部から生体に与えられる外的なフィードバックの一つである。

また，フィードバック情報としては，学習者の身体が実際にどのように動いたのかという情報を伝えることも可能である。このような学習の対象となる運動の遂行に関するフィードバック情報を**パフォーマンスの知識**（knowledge of performance：KP）と呼ぶ。

(2) 分散練習と集中練習

　運動学習を行なう際に，各試行の間に休憩時間を設けずに反復して運動課題を行なうことを**集中練習（distributed practice/spaced practice）**という。一方で，運動課題の各試行の間に比較的長めの休憩時間を設けて運動課題を行なうことを**分散練習（massed practice）**という。一般的に，分散練習のほうが効率的だと考えられている。

(3) 知覚運動学習の段階

　知覚運動学習は，①認知段階，②連合段階，③自動段階の3つの段階からなると考えられている（Fitts, 1964）。

①**認知段階**　運動技能の目標を理解する段階である。運動技能の獲得には，その目標と，そのために具体的にどのような運動を身につけなければならないかを理解することが必要となってくる。現時点での自身の能力の理解や，運動を産出するために，環境内で注目するべき対象を理解することなども含まれる。この段階で得られる知識は，言語化できるような知識（宣言的知識）であるといわれている。たとえば，車の運転を覚えるときには，まず，ハンドル，クラッチ，ブレーキなどが何なのか，それを操作するということはどういうことかを理解することが必要となる。そして，それらをどの程度動かせば，車体がどう動くのかを理解することをとおして運転を覚えていく。その際には言語的に考え，その結果も言語的な情報として処理されることが多いと思われる。この段階でのパフォーマンスの改善は早いといわれている。

②**連合段階**　運動を繰り返すことによって，運動が洗練されていく段階である。対象となる刺激なども同定でき，何を行なうのか（what to do）から，どのように行なうのか（how to do）へと課題が移行していく。視覚刺激に頼る程度は下がっていき，自己受容感覚（自身の筋肉や関節の状態や位置の感覚情報）の重要性が上がっていく。車の運転でいうと，クラッチやハンドルなどの操作を具体的に一つひとつ確認する必要がなくなり，一連の動作として

122　第4部　学習・記憶

産出できるようになる。この段階でのパフォーマンスの改善は比較的緩やかである。
③**自動段階** 最後の段階となるこの段階では，運動技能の実行はほとんど自動的となり，動作について意識することもなくなる。運動自体も，時間的・空間的に統合され，速やかで無駄のないものとなる。獲得された運動技能は，非宣言的（手続き的）知

自動運動段階では，運転をしながら助手席に乗っている人と会話ができる

識となり，具体的な動作を意識的に思い出すことが難しくなる。この段階になると，特に意識することなく車の運転をできるようになり，運転をしながら助手席に乗っている人と会話することも可能となる。

(4) 知覚運動学習に関係する脳領域

知覚運動学習では運動の産出が求められるので，運動にかかわる脳領域（運動野，運動前野，補足運動野，前頭前野）が関係してくる。特に学習という側面に着目すると，大脳基底核や小脳のはたらきが重要だと考えられている（Packard & Knowlton, 2002; Rosembaum, Carlson, & Gilmore, 2001）。

2 発展課題

発展的な課題として，鏡映描写の実験事態を利用して，知覚運動学習の両側性転移について検討するとよいだろう。

(1) 学習の転移

ある状況において獲得したことが，別の状況に影響を及ぼすことを**学習の転移（transfer of learning）**という。時間的に先に学習していた事柄が後の学習に影響を及ぼすことを指す場合が多い。先に獲得したことが後の学習を早めたり，課題のパフォーマンスを高めたり（精度を高くしたり）するように，促進的に作用する場合を**正の転移**という。これに対して，後の学習を遅くさせる

ような抑制的に作用する場合を**負の転移**という。

(2) 両側性転移

　片方の手や足を使用した運動技能を獲得した後に，もう片方（対側）の手や足を使用して同じ課題を行なうと，そちらの手足では学習を行なっていないのに，上手く課題を行なうことができることがある。このように，ある課題において獲得した片方の手や足を使用した運動技能が，対側の手や足を使用した課題パフォーマンスに影響することを**両側性転移**という。通常の転移と同様に，促進的に作用する場合は正の両側性転移となり，抑制的に作用する場合は負の両側性転移となる。

　両側性転移は，大脳半球間で情報をやりとりする線維束である脳梁を通してなされると考えられるが，獲得される運動プログラムは，訓練に使用する手にかかわらず，優位半球（左半球）の運動野に保持されるとの知見がある（Taylor & Heilman, 1980）。この考え方によると，どちらの手で訓練しても脳内での情報が保存される場所が同じであるため（この場合は優位半球とされる），結果として両方の手にその効果が認められることになる。しかし，このようなとらえ方は単純化がすぎると考えられ，最近では状況によって半球間の優位性は変化するという見方が有力である（Serrien, Ivry, & Swinnen, 2006）。

(3) 方法

　被験者を対側群，同側群，統制群に分ける。なお，群への振り分けは以下に述べるように，訓練前試行のパフォーマンスによってマッチングさせたほうがよい。まず，すべての被験者について，訓練前試行として2試行の課題を非利き手で実施する。このときのパフォーマンスによって，特定の群にパフォーマンスの良い人や悪い人が偏らないように群への振り分けを行なうのである。具体的には，パフォーマンスの良い者から順番に，対側群，同側群，統制群，対側群，同側群…などというかたちで振り分けるとよいだろう。

　訓練前試行の実施後，数分間の休憩時間を設ける。この休憩時間に被験者の各群への振り分け（マッチング）を行なう。その後，10試行の訓練試行を対側群は利き手で，同側群は非利き手で実施する（表11-1）。この際の試行間間

表 11-1　実験の手続き

	訓練前試行	訓練試行	訓練後試行
対側群	2 試行（非利き手）	10 試行（利き手）	2 試行（非利き手）
同側群	2 試行（非利き手）	10 試行（非利き手）	2 試行（非利き手）
統制群	2 試行（非利き手）	会話・トランプ遊び	2 試行（非利き手）

隔（intertrial interval：ITI）は 10 秒とする。1 分間の休憩後に，訓練後試行として 2 試行の課題を再び非利き手で実施する（表 11-1）。統制群は訓練前試行と訓練後試行は実験群と同様に実施するが，訓練試行は行なわず，実験者と会話やトランプ遊びなどをすることで実験群と同じ長さの時間を過ごす。この際には課題のことを思い出したり考えたりしないようにさせる。

（4）結果の分析

対側群と同側群については，訓練試行の各試行の平均反応時間および平均逸脱回数を算出し，そのデータをもとに学習曲線を作成する。また，各群の訓練前試行と訓練後試行での所要時間と逸脱回数の平均値を求め（被験者ごとに訓練前 2 試行および訓練後 2 試行の平均値を求め，それらを代表値とする），そのデータをグラフ化する。さらに，以下の式を用いて，被験者ごとに反応時間と逸脱回数についての転移率を算出する。

$$転移率 = \frac{訓練前試行 - 訓練後試行}{訓練前試行} \times 100$$

各被験者の転移率のデータについて群ごとに平均転移率を算出し，それらを比較する。統計的検定としては，群（対側群，同側群，統制群の 3 水準の被験者間要因）と試行（訓練前試行と訓練後試行の 2 水準の被験者内要因）の 2 要因分散分析を実施する。

（5）考察のヒント

考察の際には，次のような点に着目するとよいだろう。

・それぞれの群について，訓練試行での鏡映描写の上達過程の特徴に違いが
　あるかを検討する。
・転移率をもとに，転移があったかどうかを判断する。
・所要時間と逸脱回数の転移率に違いがあるかを検討する。
・同側群と対側群の転移率の違いを検討し，両側性転移が認められたかどう
　かについて検討する。
・上記のいずれについても，違いがあった場合，なかった場合，それぞれに
　ついて，なぜそうなったのかについて考える。

反応形成

　あなたはペットを飼っているだろうか？　飼っているとしたら，ペットのしつけに悩んだりしたことはないだろうか？　家の中のいたるところでトイレをしてしまうとか，いわゆる無駄吠えをするとか，やたらと他人に咬みつこうとするなど，ペットを飼う際にはさまざまな問題が生じる。こうした問題行動をなくし，適切な行動をするようにしつけるにはどうすればよいのか。本章で紹介する反応形成は，そのヒントになるかもしれない。

1節　背景

　スキナーによって，行動は**レスポンデント行動**と**オペラント行動**の2つに分類された (Skinner, 1938)。これらは，表出された行動の見かけから区別されるのではなく，その機能的側面からの分類である。レスポンデント行動は，先行する刺激と相関する（誘発される）かたちで生起する行動である。たとえば，食物が口の中に入れられると唾液が分泌されるような反応である。この場合の唾液分泌は生得的な反応で，**無条件反応**（unconditioned response：UR）である。このような生得的な反応を誘発する刺激は**無条件刺激**（unconditioned stimulus：US）と呼ばれる。また，ベル（**条件刺激**，conditioned stimulus：CS）と食物（無条件刺激）を対呈示する古典的条件づけの結果，ベルに対して唾液が分泌されること（**条件反応**，conditioned response：CR）もレスポンデント行動である。一方で，オペラント行動は，先行する刺激に関係なく自発する行動とされた。たとえば，ラットのレバー押し行動は先行する刺激がなくとも一定の頻度で自発する。そして，レバー押しの結果として食物報酬が呈示されると，レバー押し行動は増加する。このように，行動の結果として環境の変化が生じ，さらにそれによって当該行動が変容するような行動がオペラント行動である。この際，レバーが押され，その結果として食物が呈示されるという機能的側面が重要で，行動の見かけは問題とされない。前肢でレバーを押そうが，かじりつくかたちで押そうが，それらは同じオペラント行動と見なされる。オペラント条件づけは，オペラント行動が後続する刺激によって変容することを指す。

　ある行動が出現した後に，その結果としてある刺激が呈示されたとする。その後，その行動の出現頻度が増加した場合，その刺激は**強化子**と呼ばれる。逆に，その刺激の呈示によって，先行する行動の出現頻度が減少した場合は，その刺激は**罰子**あるいは**弱化子**と呼ばれる。強化子を呈示（あるいは罰子を除去）することで，対象となる行動の出現頻度を増加させることを**強化**と呼び，罰子の呈示（あるいは強化子の除去）によって，その出現頻度を下げることを**罰**あるいは**弱化**と呼ぶ。

1　反応形成（シェイピング）

　オペラント条件づけにおいて標的となる行動は自発的に出現する行動であるため，条件づけを行なう前においても，その標的行動はある程度は生じている。このような自発的に発生する標的行動の生起頻度を**オペラント水準**と呼ぶ。たとえば，授業中に席に着かず，歩き回る問題行動を行なう生徒がいるとしよう。この生徒が

段階的な強化で最終的な目標行動に近づけることを逐次接近法と呼ぶ

授業中にきちんと席に着く行動の出現頻度がオペラント水準になり，この場合その頻度は非常に低いものとなる。こういったケースの場合，オペラント条件づけを用いて，この生徒の席に着く行動を強化しようとしても，そのオペラント水準が低いため，そもそも強化の機会があまりないことになる。そこで，最終的な標的とする行動（この場合は席に着く行動）ではないが，それにできるだけ近く，かつオペラント水準の比較的高い行動を，まず標的として強化することを行なう。この例の場合は，席の方向に頭を向ける行動（あるいは席のほうに視線を向ける行動）は，歩き回っていても比較的出現頻度が高いことが期待されるので，まずそれを標的行動として強化する。その結果，標的である席の方向に頭を向ける行動の出現頻度は増加することとなる。それに伴って，より最終的な標的行動に近い行動の出現頻度も増加すると考えられるので（たと

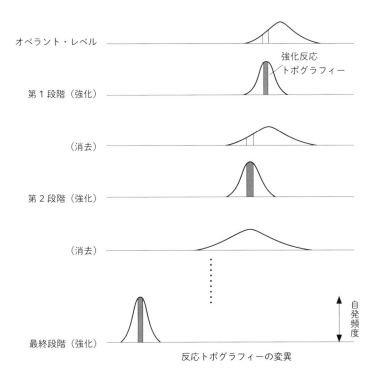

図 12-1　反応形成の概念図（杉本・佐藤・河嶋，1989，p.17）

えば，席に近寄るという行動)，次はその行動を標的としてオペラント条件づけを行なうのである。このように，比較的オペラント水準の高い行動から徐々に最終的な目的とする行動に近づけていくことを**逐次接近法**と呼び，逐次接近法によって目的とする行動を形成することを反応形成（シェイピング）と呼ぶ。

さまざまな行動の出現の頻度を空間的な分布として表現したものを**反応トポグラフィ**と呼ぶ。オペラント条件づけは，オペラント水準の低い標的行動の反応トポグラフィを出現頻度の高い状態に変更する手続きだといえる（図12-1）。

2　累積記録器

オペラント条件づけの観察にしばしば使用されてきたのがスキナーによって開発された**累積記録器**である（図12-2）。原理は非常に単純で，一定の速度で送られる紙に，ペンによって線が描かれるようになっている。ペン先は，最初は記録紙の一番下に位置するようにしておき，標的行動が1回生じると，1段階上に移動するように設定する。一番上までペンが到達した場合は，もう一度一番下段まで移動するようにしておく。これによって，横軸が時間経過，縦軸に反応の累積数を表示するグラフを作成することができる。

グラフが記録紙と並行になっている場合は反応の休止を意味する。反応頻度

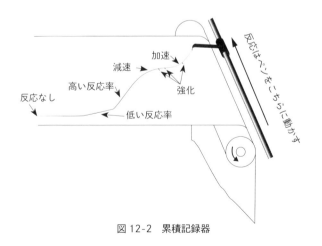

図12-2　累積記録器

が高い場合はグラフの勾配が急になり，低い場合は勾配が緩やかになる。勾配が高く変化するところは反応数の加速を意味し，逆に勾配が緩やかに変動する場合は反応数の減速を意味する。 このように，反応の累積記録によって，標的行動の出現頻度をひと目で観察することができるのである。

3 Sniffy, The Virtual Rat

Sniffy, The Virtual Rat（Alloway, Wilson, & Graham, 2004）は，実物のラットを実際に用いた動物実験を行なう機会をもつことが難しい学習者が，古典的条件づけやオペラント条件づけの仮想的な実験を体験できるように開発されたソフトウェアである。このソフトを使用することによって，さまざまな現象のシミュレーションを体験することが可能である。ただし，あくまでもシミュレーションであるため，可能であるなら実物のラットでの実習が望ましいことをつけ加えておく。

2 節　実習

1　目的

本実習の目的は，Sniffy The Virtual Rat を使用して，ラットのレバー押し反応のシェイピングを体験することである。

2　方法

Windows OS がインストールされた PC を使用する。そこで，Sniffy のプログラムを起動させる（デモバージョンは，http://www.erin.utoronto.ca/~w3peel/sniffy/download.htm からダウンロードできる。なおデモバージョンでは Mac 版も用意されているようである）。プログラムを起動すると図にあるようなウインドウが立ち上がる（図 12-3）。

以下に簡単に各ウインドウの説明を述べる。
①オペラント箱内がグラフィック表示されている。この中で仮想ラット

第 12 章　反応形成　　131

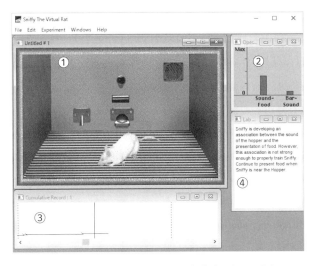

図 12-3　Sniffy, The Virtual Rat 起動時のウインドウ

(Sniffy) が動く。
② 連合強度 (operant associations) を棒グラフ表示したもの。左側の棒グラフは，音－エサ間の連合強度を示している。右側は，レバー押し－音間の連合強度を示している。
③ 累積記録 (cumulative record) を示している。
④ 実験助手 (lab assistant) の助言が表示される (ただし英文)。この指示に従うと，効率よく反応形成ができる。

図12-4は仮想オペラント箱内のスクリーンショットである。オペラント箱内には，ライト，スピーカー，レバー，給水口とエサ皿が設置されているが，ライト，給水口，スピーカーはシェイピングには関係しない。コンピュータのマウスを操作し，マウスポインタをオペラント箱内のレバーの位置に持って行き，そこでクリックすると (キーボードのスペースバーでも同様の操作が可能である)，マガジンの作動音 (クリック音) とともにエサ皿にペレットが呈示される。また，Sniffyが自身でレバーを押してもペレットが呈示されるようになっている。つまり，マウスクリック (あるいはスペースバーを押すこと) は，

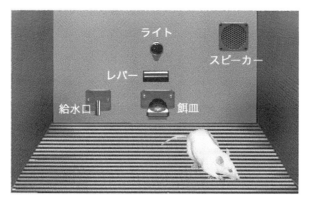

図 12-4　オペラント箱内

レバーを操作したことと同じこととして扱われる。

3　手続き

(1) マガジン・トレーニング

空腹の Sniffy がオペラント箱内において自由に行動をしているので，レバーを操作してエサ皿にペレットエサを呈示する。できるだけ，Sniffy がエサ皿に近づいたときにエサを呈示するほうがよいだろう。何度もエサの呈示を繰り返し，エサが呈示された後すぐにエサを食べることによって，Sniffy はマガジンの作動音とエサが呈示されることの関係を学習する。その学習達成度は，右側にある連合強度の棒グラフの左側，Sound-Food のグラフによって確認することができる。このグラフが Max になるまでエサの呈示を繰り返すことがマガジン・トレーニングの完了に相当する。なお，Sniffy は食いしん坊で，どれだけエサを食べても満腹になることがないように設定されている。

(2) 反応形成（シェイピング）

Sniffy にレバー押し反応をさせるために，適当な行動を段階的に強化していく。レバーのほうに頭を向けたら強化→レバーに近づいたら強化→レバーの前で，後ろ足で立つ行動をしたら（床から前足が離れたら）強化……のように，強化する行動を順序よく設定していくとよいだろう。Sniffy が自主的に頻繁に

第 12 章　反応形成　133

レバーを押すようになったら，シェイピングの完了となる。このことは，連合強度グラフの Bar-Sound グラフが Max に達することに相当する。

4　結果の整理と考察のヒント

　反応形成時の Sniffy の行動について観察し，マガジン・トレーニング時，反応形成時の累積記録の特徴について述べるようにする。考察については，反応形成を，促進する／阻害するような手続きについて考えてみてもよいだろう。

3 節　解説と発展

1　強化スケジュール

　反応があるたびに強化することを**連続強化（continuous reinforcement：CRF）**と呼ぶ。これに対し，1 回ごとの反応に対して強化子を与えたり，与えなかったりすることを**部分強化（partial reinforcement）**という。通常，部分強化は一定のルールに従って行なうことが多く，このルールが**強化スケジュール**である。さまざまな強化スケジュールが知られているが，代表的なものを以下に述べる。

（1）固定比率強化（fixed ratio：FR）スケジュール

　設定された反応数を達成した際に強化するスケジュール。たとえば，FR10 スケジュールの場合，10 回の反応が生じた際に強化し，それまでの反応には強化子を与えない。これを繰り返すスケジュールである。

（2）変動比率強化（variable ratio：VR）スケジュール

　ある反応数を達成した際に強化するのは FR と同様だが，設定された反応数が強化ごとに変動する。たとえば，VR20 スケジュールの場合，設定された反応数の平均が 20 になるが，何度反応した際に強化されるかは，強化される度に変動する。

（3）固定間隔強化（fixed interval：FI）スケジュール

　設定された時間が経過した後の反応を強化するスケジュールである。たとえば，FI30"スケジュールの場合は，前回強化されてから（初回の場合はスケジュール開始から）30秒経過した後の最初の反応を強化する。これを繰り返すスケジュールである。

（4）変動間隔強化（variable interval：VI）スケジュール

　FIと同様に，設定時間経過後の初発反応を強化するスケジュールだが，設定時間が強化ごとに変動するスケジュールである。たとえば，VI2'の場合，平均して2分経過した後の最初の反応を強化することになるが，その設定時間は強化される度に変動する。

2　発展課題

　Sniffy, The Virtual Ratのプログラムでは，設定を変更することによってさまざまな強化スケジュールを課すことが可能である。Sniffyにいくつかの強化スケジュールを課し，その行動を観察する。

（1）手続き

　Sniffy, The Virtual Ratのメニューにある「Experiment」の箇所の設定を変更して，それぞれの強化スケジュールを実施して，Sniffyの行動を観察する。スケジュールを行なう順序は，FR→VR→VI→FIが比較的スムーズにいくが，その他の順序でもかまわない。ただ，それぞれの部分強化スケジュールに変更する前には，CRFスケジュールを適用して，安定的に反応をする状態にしたほうが望ましいだろう。

（2）結果の整理と考察のヒント

　各強化スケジュール実施時のSniffyの行動を観察する。また，累積記録の傾向について記述する。

　考察については，最も反応頻度が高いのはどのスケジュールかに注目してみるとよいだろう。FIスケジュールでは，強化の直後には行動を休止し（強化

第12章　反応形成　135

後休止と呼ぶ），時間が経過し，設定時間に近づくにつれて加速的に反応率を上昇させていくような行動パターンが見られる。このような行動パターンは**FI スキャロップ**と呼ばれるが，FI スキャロップにあたる箇所を累積記録上で示してみてもよいだろう。また，スケジュールの実施順序の影響につて考えてみてもよいだろう。

生 理

　第5部では心を身体的な反応として測定する生理心理学的手法について述べる。生理反応の多くは意識的に制御できないため，それを測定・分析することで，心を客観的に調べることができる。また，生理反応の測定には微弱な信号を取り出さなければならず，専用の機器を介する必要がある。ここでは，生体信号の記録にかかわる基礎的な事柄についても解説する。

第13章
Chapter 13

心電図の測定

　人前で話をしないといけないような緊張する場面，突然目の前にクモが現われるというようなビックリする場面，人通りのない夜道を一人で歩くときのような少し怖い場面などでは，心臓がドキドキしたり，手に汗をかいたりしないだろうか。このように，心の状態は身体の状態の変化として表われる。逆に言うと，身体的な変化を調べることによって，心の状態を推測することはできないだろうか。本章から第15章では，こうした身体的な反応から心にアプローチする生理心理学的実験について紹介する。

1節　背景

　心電図（electrocardiogram：ECG）は，心臓の電気的活動を身体に装着した電極によって記録したものである。時間軸を横軸に，記録された電位を縦軸とした時間的変化として記録する。1回の拍動において，P波，QRS複合（一般的に，R波と呼ばれる），T波などからなる特徴的な活動が見られる（図13-1）。
　心電図の記録法はさまざまあるが，ここでは生理心理学的研究でよく用いられる**四肢誘導法**について述べる。四肢誘導法では，左右の両手首と左足首の3

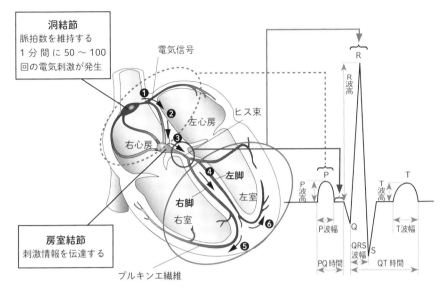

図 13-1 心電図の波形
洞結節で発生した電気信号は心房筋を興奮させつつ房室結節およびヒス束を介して心室筋に伝わる。P波は心房の収縮を反映し，QRS複合は心室の収縮を反映する。

か所のうちの2か所に記録電極を装着し，心電図を記録する（図13-2）。

- 第Ⅰ誘導は，右手首を陰極，左手首を陽極とする記録法である。
- 第Ⅱ誘導は，右手首を陰極，左足首を陽極とする記録法である。
- 第Ⅲ誘導は，左手首を陰極，左足首を陽極とする記録法である。

いずれの誘導においても，右足首にはアース電極を装着する。

生理指標としてよく用いられる心拍数は，心電図に見られるR波から算出されることが多い。そのため，生理心理学的研究では，最も顕著にR波を観察できる第Ⅱ誘導が用いられることが多い。ただ，第Ⅱ誘導は右手首に電極を装着するため，右手でなんらかの運動を行なう必要がある場合は，心電図にノイズがのってしまうことがありうる。その場合は，他の記録方法を検討してもよいだろう。

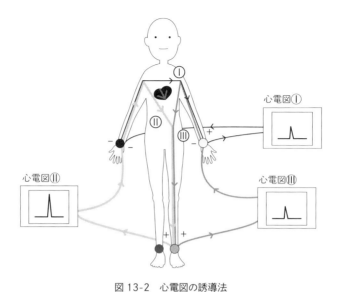

図 13-2　心電図の誘導法
→は心臓から出た電気の流れを表わす。心電図の波形は＋に電流が流れ込むので上向きになる。

2 節　実習

1　目的
　本実験では，内的な心的プロセスに注意を向ける課題として計算課題を設定し，注意が心臓活動に与える影響を検討することを目的とする。課題を実施している被験者の心電図を測定し，課題で要求される注意が心拍数に与える影響を検討する。

2　方法
(1) 被験者
　20名程度の被験者を対象とする。課題前後の心拍数を比較するため，被験者内実験計画である。

```
54+71=          19+75=
39+94=          64+30=
48+23=          14+73=
59+64=          83+91=
42+10=          60+22=
39+75=          15+40=
99+14=          82+72=
11+12=          87+30=
38+41=          25+64=
19+55=          26+43=
38+11=          85+63=
53+31=          26+49=
16+50=          21+76=
57+74=          10+55=
37+92=          59+64=
13+31=          49+90=
70+21=          19+75=
38+46=          64+51=
31+60=          71+80=
49+21=          78+79=
```

図 13-3　計算問題用紙の例

(2) 材料

　被験者に課す計算問題として，ランダムに生成された2つの2桁数字の足し算問題を用意する。A4 の用紙1枚に，1 列あたり 20 問として 2 列表示したものを 4 枚，計 160 問を用意する（図 13-3）。課題達成に 120 秒以上の時間を要するものを用意する（実験実施前に，解答に要する時間を確認しておいたほうがよいだろう）。

(3) 心拍の記録

　第Ⅱ誘導により心電図を測定する。右手首，左足首，右足首の3か所に使い捨ての電極を装着する。電極装着前は，アルコール綿によってしっかりと脱脂する。電極は汎用の生体アンプ（たとえば，ミユキ技研社製8チャンネル生体

第 13 章　心電図の測定　141

アンプ BA1008）に接続し，それによって生体信号を増幅する。アンプのフィルタの設定は，時定数 1.5 s（ローカット 0.1 Hz），ハイカットは 30 Hz に設定する。

　生体アンプの出力は，アナログ／デジタル（A/D）変換デバイス（たとえば，National Instruments 社製 USB-6002）を介して PC へ入力する。その際の，サンプリング周波数は 1,000 Hz とする（サンプリング間隔 1 ms）。PC 上において，専用のソフトウェア（たとえば，ニホンサンテク社の IM-SMART）を使用して入力した信号の観察・記録を行なう。プログラミングの知識があれば，MATLAB（MathWorks 社）などの汎用言語を用いて，データ記録のためのプログラムを作成してもよいだろう。

（4）手続き

　課題の説明などに加えて，被験者に対して，心電図の計測中はなるべく身体を動かさないよう教示を与える。実験は，前安静期，課題期，後安静期の順で行なう。それぞれの期間は 120 秒とする。前安静期および後安静期では，話をしたり，身体を動かしたりせず，開眼状態を保ったままリラックスするように指示する。眼もできるだけ動かさないように伝える。課題期には，被験者に用意した計算課題を行なわせる。出題された計算課題を暗算し，その解答を直接用紙に記入させる。紙面上の 2 桁の数字 2 つを足し合わせ，その解を記入すること，および 1 枚の用紙に呈示された計算課題をすべて解答できたら，次の用紙に取りかかるように指示する。また，課題遂行時に，手足を大きく動かしたり，足を組んだりすることや，手を握りしめるような力を加えることをしないように注意を与える。

　心電図の記録の際には，それぞれの記録期間がわかるようにする。PC を用いて記録する場合は，ファイル名などから判別できるようにするとよいだろう。心電図の記録の開始時点と，実験期間の開始時点が一致するように実験を実施すると，後の分析が行ないやすいだろう。

3　結果の分析

(1) 行動データ

計算課題の成績として，解答した問題の数，正答した問題の数を求め，それらの数から正答率を求める。

(2) 生理データ

記録した心電図から，それぞれの実験期間である 120 秒間の R 波の個数を数え，その値を 2 で割ることによって 1 分間あたりの R 波の数，つまり心拍数を算出する。この際，心拍数の算出には，無料で提供されている心拍分析ツールである ARTiiFACT（Kaufmann, Sütterlin, Schulz, & Vögele, 2011）を使用してもよい。ほぼ自動で心拍数を算出してくれるので，手作業で求めた心拍数が正しいかを確認するために用いてもよいと思われる。算出した心拍数について，実験期間（前安静期・課題期・後安静期の 3 水準の被験者内要因）を要因とした 1 要因の分散分析を行なう。

4　考察のヒント

考察の際には，以下の点などに着目するとよいだろう。

- ・課題期の心拍数は安静期と比較してどうだったか？
- ・安静期の心拍数に違いはなかったか？
- ・上記の違いがあったとしたら，それが生じた原因として何が考えられるか？
- ・被験者の課題への取り組みは，実験者が想定していたとおりだったか？

3 節　解説と発展

1　生理指標の意義

生理心理学は，生理学的な方法を用いて，実証的・客観的レベルで心理現象を研究・解明しようとする研究分野である。その第一の特徴は，身体的（生理

学的）な反応という客観的なデータを扱う点である。このことにより，言語的な報告が得られない場合や，行動として表われにくいような心理状態をも対象とすることが可能で，心のはたらきを客観的に測定できるモノサシになりうるといわれている。

たとえば，ある考えを悟られないように別のことを言うという行動をする場合では，出力された行動から当人の考えを推し量ることは難しい。しかし，たとえ出力としての行動を当人が制御できたとしても，その考え自体や欺こうと意図したことにかかわる脳の活動自体は生じてしまう。もし，その脳・神経系活動を計測できたとしたら，行動として出力された情報とは異なる，そこで生じていた「心」の状態を知ることができるだろう。

また，イメージを思い描いている際には，視覚的処理にかかわる第一次視覚野が，実際の視覚刺激の入力が存在しなくても活動することが報告されている（Kosslyn, Thompson, & Ganis, 2006）。刺激が存在しない場合でも，実際の知覚情報処理と類似した脳活動が生じている，つまり「イメージ」という実体のないものが，主観的な知覚体験として生じていることを示唆している。このことも，生理的データ利用の一つの例だといえるだろう。

2　末梢神経活動の生理指標

心理学が対象とする心のはたらきの指標は，**主観指標**，**行動指標**，**生理指標**の3つに分類できる。主観指標は，心の状態の主観的評価，質問紙への回答，被験者自身の内観の報告などである。行動指標は，課題の正答率，反応時間，眼球や四肢の運動などである。生理指標は，心拍数，血圧，心電図，脈波，皮膚電気反応，脳波，脳磁図，核磁気共鳴（MR）シグナルなどが対象となる。

生理心理学の範疇に含まれる研究では，生理指標を中心に用いて研究を実施する（もちろん必要に応じて，他の2つの指標も使用する）。生理指標は，大きく中枢神経活動を対象とするものと，末梢神経活動を対象とするものがある。中枢神経活動の指標は主に脳活動を対象とするものである（第15章参照）。末梢神経活動については，心理学では自律神経活動を対象とすることが多い。その際に用いられる指標として以下のようなものがあげられる。

- **心拍数（heart rate）**：一定時間の心拍（heart beat），つまり心臓が拍動する回数。
- **血圧（blood pressure）**：血管内の血液にかかる圧力。
- **指尖容積脈波（plethysmogram）**：指先（通常は第2指か第3指）での血流変化を記録したもの。
- **皮膚電気活動（electrodermal activity：EDA）**：精神性の発汗を電気的活動として記録したもの。

　以上に加えて，生理心理学的指標として用いられるものに呼吸活動（respiration）がある。呼吸活動は，脳幹の橋や延髄にある呼吸中枢によって制御されている。生命維持に必要であるため，特に意識せずともその活動は駆動されるが，意識的な制御も可能である点が，他の自律系の反応とは異なる。

3　フィルタとサンプリング周波数

　生体電気信号は微弱な電気信号であるため，データを取得する際には，増幅器によって信号を増幅する必要がある。さらに，目的とする信号を適切に観察できるようにするために，通常は信号に**フィルタ**をかけることになる。フィルタの一種に，**ハイカットフィルタ**（**ローパスフィルタ**とも呼ばれる）と**ローカットフィルタ**（**ハイパスフィルタ**とも呼ばれる）がある。ハイカットフィルタは，遮断する周波数より低い周波数成分は減衰させず，その周波数以上の成分は減衰させるようなフィルタである。逆に，ローカットフィルタは遮断する周波数以下の成分は減衰させ，それより高い周波数の成分は通過させるようなフィルタである。

　ローカットフィルタと関連する設定値に時定数がある。時定数とは，ある振幅の信号が入力されたとき，その振幅が $1/e$ の大きさまで減衰するのに要する時間のことである（なお，e はネイピア数である）。時定数とローカット周波数との関係は以下のようになる。

$$\text{ローカット周波数（Hz）} = \frac{1}{2 \times \pi \times \text{時定数（秒）}}$$

本章で用いた心電図は，心臓活動を反映した電位の時間的変化であるため，**時系列データ**に相当する。アナログデータである時系列データを扱う場合は，通常その信号をデジタル値に変換して処理する。その際に A/D 変換が行なわれることになるが，そこで重要なのが**サンプリング周波数**である。サンプリング周波数とは，連続値をとるアナログデータをどういう時間間隔で数値化するのかを示したものである。たとえば，サンプリング周波数 1,000 Hz だとすると，1 秒間に電位のデータを 1,000 回取得することになる。つまり，1 ms ごとにデータを取得するのである。そのため，**サンプリング間隔** 1 ms とも呼ぶ。

4 心拍の生理心理学的意義

心臓活動は中枢神経系の制御下にあるため，精神的な作用，つまり脳での活動が心臓活動に影響を及ぼすことがある。逆に，心臓活動の情報が脳に伝えられ，それが脳活動，ひいては精神的な作用に影響を及ぼすこともある。このために，心臓活動によって，精神的なはたらきを推測することができるのである。

心拍は心臓の拍動を表わし，その回数である心拍数は一定時間に心臓が拍動する回数を意味する。通常は一分間あたりに何回拍動するのかによって表わし，そのため，bpm（beats per minute）を単位として表わすことが多い。

心臓活動である心拍から，どのような精神活動が推測できるのであろうか。レイシー（Lacey, 1959）は，**環境の取り込み（sensory intake）**と**環境の拒否（sensory rejection）**という観点から，心拍と注意との関連が説明できると提唱した。環境の取り込みを必要とする課題では，外的な刺激に注意を向けることが求められ，この場合，心拍数は減少するとされる。一方で，環境の拒否に関連する課題では，集中や認知的な努力が要求され，この場合，心拍数は増加すると考えられている（Lacey, 1959）。この説に従えば，注意プロセスを実験的に検討する際に，心拍数の増減を指標とすることが可能である。

環境の取り込みと拒否それぞれについて，能動的および受動的な課題を想定することが可能であり，その例として以下のようなものをあげることができる。環境の取り込みについての能動的な課題としては，迷路課題，反応時間課題，視覚探索課題などが，受動的な課題としては映画の視聴などが例としてあげられる。一方，環境の拒否については，暗算課題が能動的な課題，恐怖対象の観

察などが受動的な場面としてあげられる。

5 発展課題

　第2節の実験で行なった計算課題は環境の拒否に相当する課題だと考えられる。発展課題として，計算課題に加えて，環境の取り込みに相当する迷路課題を被験者に実施させ，両課題遂行時の心電図を測定し比較することが考えられる。さらに発展的に，新たに環境の取り込みおよび環境の拒否にあたる課題を考案し，課題を行なうことによる心拍の変化を検討してみてもよいだろう。

(1) 方法

　第2節の実験と同様に，20名程度の被験者を対象とする。被験者内実験計画にて実験を実施したほうがよいと思われるが，被験者間実験計画を用いる場合は，迷路課題群と計算課題群とが同等数になるように被験者を割り当てる。

　上記の実験で使用した計算課題に加えて，迷路課題として，A4の用紙に印刷された迷路図を用意する（図13-4）。迷路課題についても，課題達成に120秒以上の時間を要するものを用意する。

　心電図の記録や手続きは，第2節の実習と同様である。被験者間計画を用い

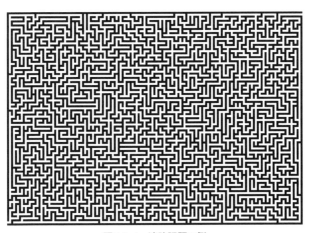

図 13-4　迷路課題の例

る場合は，前安静期，課題期，後安静期の３期間を一度実施して実験を終了とする。被験者内計画を用いる場合は，３期間のうち課題期に行なう課題を変えて２回繰り返す。どちらの課題を先に行なうかについてはカウンターバランスをとる。

(2) 結果の分析と考察のヒント

計算課題の成績に加えて，迷路課題の成績として，行き止まりに進入した回数と，どの程度ゴールまで近づけたのかについて検討する。この際，課題終了時点で，スタートから進んだ距離や，ゴールまでの距離を求めるとよいだろう。スタートからゴールまでの最短経路を正解経路として，課題終了時の位置に最も近い正解経路上の位置を求め，そこからスタートまでの正解経路上の距離，およびゴールまでの正解経路上の距離を求める。

心電図については，第２節と同様に各実験期間についての心拍数を算出し，その心拍数について，期間（前安静期・課題期・後安静期の３水準の被験者内要因）と課題（計算課題と迷路課題の２水準，被験者間要因か被験者内要因かは計画に依存する）を要因とした２要因の分散分析を行なう。

心電図のデータ分析についての発展課題として，R波の出現タイミングを求め，拍動間隔（Inter Beat Interval：IBI）を算出し，そこから瞬時心拍数を算出してもよいだろう。R波とR波の間隔であるRR間隔がミリ秒単位で表わされている場合は，心拍数(bpm) = 60,000 ／ IBI(ms) となる。瞬時心拍数はR波ごとに算出できるので，たとえば20秒ごとの平均値を算出して時系列変化を検討してもよいだろう。

考察の際には，第２節で述べた点に加えて，以下の点について着目するとよいだろう。

・課題間に心拍数の違いはあったか？
・課題直前の安静期から課題期への変化に，課題による違いはあったか？

唾液中のアミラーゼの測定

　「ストレス」という用語は，「ストレスが原因で身体を壊してしまう」というように，心身に悪影響を及ぼすネガティブな対象を表わすものとして日常生活でも頻繁に用いられる。一般的には，心身の健康や適応に影響する要因，つまりストレッサーの意味で用いられることが多い。しかし，ストレスは幅の広い概念であり，ストレス源であるストレッサーとしての意味と，それによって引き起こされる心身の緊張状態であるストレス反応の意味の両者が含まれる。ストレッサーは，暑さ，寒さや騒音などの物理的ストレッサーと，対人関係などが原因となる心理的ストレッサーに分けられることが多い。

　ストレス反応は，生体の恒常性（ホメオスタシス）を維持する反応という側面もある。つまり，ストレッサーによって生体内のバランスが乱された場合，その状態からバランスがとれた状態へ回復する反応である。適度なストレッサーに対するストレス反応は生体が本来有しているものであり，この場合は特に精神健康上の問題となることはないと考えられる。しかし，大災害など対処が困難な過度のストレッサーによって喚起されるストレス反応は，生体の適応性を損なう可能性がある。つまり，適応性の観点から，適度なストレスは存在したほうがよいと考えられるが，過剰なストレスによって生体のバランスが著しく乱されてしまう場合は問題となってくる。この場合は，ストレス反応も過剰になり，心身へも多大な負荷を与えることとなってしまう。

　ストレスの度合いを測定する際には，質問紙（たとえば線分の長さで緊張度を評価する Visual Analog Scale：VAS；図参照）などをはじめとする主観的評価が広範に用いられている。しかし，上記のように，ストレス反応は身体的な反応を含

```
        今どのくらい緊張していますか？
まったく緊張                                    とても緊張
していない                                        している
```

図　VAS の例

む概念である。そのため，ストレス反応を客観的に評価する際には，生理的な反応を測定することがより望ましいと考えられる。ストレス反応を生理的反応として測定する際には，心電図，血圧，呼吸，皮膚電気活動，脈波などの自律系の生理反応の測定がその候補として考えられる（第13章，第14章参照）。しかし，これらの測定を行なうためには，測定を実施する機器や，電極などの付随品が必要であり，それらは比較的高価な場合が多い。また，測定器具の装着のための時間を要し，簡便とは言いがたい（最近では，比較的簡便に生理反応を測定することのできる機器も登場している）。

　近年，生理的状態を反映するさまざまなバイオマーカーの測定が行なわれるようになってきており，その中には比較的簡便かつ安価で実施できるものもある。その一つとして，唾液を分析対象としたバイオマーカーの測定があげられる。唾液成分からは，ストレスバイオマーカーとして以下のような物質を測定することが可能である。ストレスの指標として広く用いられているコルチゾール，免疫反応の指標とされる免疫グロブリンA，消化酵素ではあるが，交感神経活動を反映するものとしてαアミラーゼなどである。このうち，αアミラーゼは，交感神経系の作用およびノルアドレナリン作用によって分泌されるといわれており（Speirs, Herring, Cooper, Hardy, & Hindl, 1974; 山口・金森・金丸・水野・吉田，2001），簡便に測定できるストレス指標として期待されている。

　唾液中のアミラーゼ測定には，市販の機器（唾液アミラーゼモニター，ニプロ株式会社製）が使用できる。測定の際には，測定用のチップの先端を舌下部に含み，そのまま30秒間固定し，唾液を採取する。採取したチップをモニター機器にセットすることで，唾液中のアミラーゼが測定される。実際に実験を行なう場合には，被験者をストレス状況下に置く前に，ベースライン期としてアミラーゼの測定を行ない，実験的にストレス状況となるように操作した期間，あるいはその直後にもう一度測定を行ない，ベースラインからの変化を検討することが考えられる。可能であれば，その後時間を置いてさらにもう一度測定を行ない，ベースライン近辺まで測定値が戻ることを観測することが望ましい。

　唾液中のアミラーゼの測定は簡便であり，適用範囲も広いことが期待される。しかし，電気生理学的に測定された自律系の反応など他のストレス指標とはあまり一致しないとの報告もあり，ストレス指標として使用する際には注意が必要だといわれていることも（Nater & Rohleder, 2009），留意しておくべきだろう。

唾液アミラーゼの測定

皮膚コンダクタンスの測定

あなたは夜道を歩いている。聞こえるのは自分の足音だけ。そこに物陰からガサッという物音がしたら，すぐにそちらのほうに視線や頭を向ける行動が誘発される。あるいは，静かな部屋に突然誰かがドアを開けて入って来た，というようなときには思わずそのドアの方向を見てしまうのではないだろうか。このように，生体は新奇刺激に対して注意を向ける行動や自律神経系の反応を示し，これを定位反応と呼ぶ。本章では，手指の発汗を電気的な変化としてとらえる皮膚コンダクタンスを指標として，定位反応を生理心理学的に測定することを体験する。

1節 背景

1 定位反応

定常状態にある生体に対して，なんらかの刺激が与えられると，その刺激に対して注意を向けるなどの反応が喚起される。このような反応を**定位反応 (orienting response)** と呼ぶ。定位反応は新奇な刺激に対して生じ，同等の刺激が繰り返されると，しだいに反応が減弱することが知られている。この現象は，

馴化（habituation）と呼ばれ，単純な形式の学習だと考えられている。馴化が生じた刺激に，なんらかの変化が起きると再び定位反応が生じる。これを**脱馴化**（dishabituation）と呼ぶ。定位反応は環境の変化に対して注意を向け，情報処理を促進する作用があり，環境への適応という点で重要な反応だといえる。

2 皮膚コンダクタンス

発汗には，気温が高い場合や運動を行なった際に出る汗のように，体温を調節するためになされる温熱性の発汗と，人前でスピーチをする場合など緊張した際に手のひらにじんわりと出る汗のように，自律神経系が活性化することによって生じる精神性の発汗がある。精神性の発汗を，電気的な変化としてとらえたものが**皮膚電気活動**(electrodermal activity：EDA)である。EDA の一つに，**皮膚コンダクタンス反応**(skin conductance response：SCR)がある。SCR は，手指に取りつけた電極間に微弱な電流を流し，その伝導度の変化を記録したものである。皮膚コンダクタンス反応は，なんらかの刺激に対する一過性の反応である。これに対して，比較的ゆっくりとした変動（電位変化でいうところの直流成分に相当するもの）は，**皮膚コンダクタンス水準**（skin conductance level：SCL）と呼ばれる。SCR と SCL の両者を合わせて呼称する場合は**皮膚コンダクタンス変化**（skin conductance change：SCC）となる。

2 節　実習

1　目的

本実験では，定位反応の馴化と脱馴化を，皮膚電気反応を指標として検討することを目的とする。

2　方法

(1) 被験者

馴化群と脱馴化群の 2 群を設け，それぞれの群に 10 名程度の被験者を割り振る。

(2) 刺激

被験者の前に設置したスピーカー（あるいはヘッドホン）によって聴覚刺激を呈示する。刺激の呈示にはPCを使用する（PsychoPyやMATLABなどで簡単なプログラムを作成するとよいだろう。付章参照）。標準刺激として2000Hzの純音を，逸脱刺激として500Hzの純音を使用する。聴覚刺激の持続時間は0.5秒とする。

(3) SCRの記録

皮膚電気活動の記録については，アメリカ心理生理学会の基準（Society for Psychophysiological research ad hoc committee on electrodermal measures, 2012）に準拠したかたちで行なうことが理想的である。記録した信号の増幅にも，その基準に指定されている機器を使用することが望ましいが，実習の場合には汎用の生体アンプを使用してもかまわないだろう。

SCRの記録のため，非利き手の第2指と第3指の中節に電極を装着する。電極には使い捨ての電極を使用することが望ましい。装着部位をアルコール綿によってしっかりと脱脂した後に電極を装着する。生体アンプに電極のリード線を接続し，時定数は4sに設定する。

心電図測定と同様に（第13章参照），生体アンプの出力は，アナログ／デジタル（A/D）変換デバイスを介してPCへ入力し，専用のソフトウェアを使用して入力した信号の観察・記録を行なう。サンプリング周波数は1,000Hzとする。

皮膚コンダクタンスの実際の値を得る場合は，以下のように，キャリブレーションを行なう。一定のコンダクタンス値に相当する信号をアンプに入力し，その信号に対するソフトウェア上での値を使用して，すべての測定値を実際のコンダクタンス値に変換する。

(4) 手続き

電極の装着後に，被験者を椅子に座らせ，実験時には目を閉じさせる。SCRの測定開始後の3分間は前安静期とする。その後，被験者に装着したヘッドホンにより（あるいはスピーカーから），標準刺激（2,000Hzの純音）を12回呈

示する。刺激間間隔は一定の時間だと刺激の到来を予期できてしまうので，30秒から60秒の間のランダムとする。馴化群については，12回の標準刺激に続いて，同様に30秒から60秒の間のランダム値とする間隔の後に，標準刺激をもう一度呈示する。脱馴化群については，12回の標準刺激の呈示後，同様にランダム値の間隔を空けて逸脱刺激（500 Hzの純音）を呈示する。両群とも，その後，後安静期として，SCRの記録を70秒間続け，実験を終了する。

3 結果の分析と考察のヒント

SCRの指標として，各刺激呈示後の頂点振幅を用いる。コンダクタンスの実測値の算出が難しい場合は，刺激呈示時点を100%として，頂点振幅の変化率を求めてもよい。

SCLについては，3分間の前安静期間の開始から140秒，160秒，180秒（安静期終了から-40秒，-20秒，0秒）の3つの時点での値を用いる。刺激期間については，各刺激呈示前1秒の時点の値を用いる（12点）。後安静期間については，安静期間の開始後20秒，40秒，60秒の3つの時点での値を用いる。

SCRの統計的分析については，群（馴化群／脱馴化群）を被験者間要因，試行（1～12試行）を被験者内要因として，2要因の分散分析を行なう。テスト期の反応については，群間の違いをt検定で比較する。SCLについては，群を被験者間要因，時点（前安静期3点，刺激期12点，後安静期3点の計18点）を被験者内要因として2要因の分散分析を行なう。

レポートをまとめる際には，馴化群と脱馴化群に違いは認められたか，認められた（認められなかった）場合，その理由などについて考察するとよいだろう。

3 節　解説と発展

1 他の皮膚電気反応

皮膚に微弱な電流を通電して電気的抵抗の変化を調べる（**通電法**と呼ばれる）皮膚コンダクタンス変化の他にも，電極対間の電位差を直接調べる**電位法**もある。刺激に対する一過的な反応として測定する**皮膚電位反応**（skin potential response：SPR）と，比較的緩徐な電位変化（直流成分）に着目する**皮膚電位水準**（skin potential level：SPL）があるのは，皮膚コンダクタンス変化と同様である。SPR と SPL の両者を合わせて皮膚電位活動（skin potential activity：SPA）と呼ぶ。SCR では，正方向へ変化する波形のみが見られるが（単相性），SPR では，正方向あるいは負方向の単相性の波形や，それらが混合した多相性の波形が観察される。

2　SCR の測定指標

　上述のように，典型的な SCR の反応は，比較的緩やかな単相性（1つの山型）の形状をしている（図 14-1）。第 2 節の実験では，刺激後の反応が頂点を迎える時点での振幅を測定指標として使用した。振幅値の単位は，コンダクタンスの単位であるジーメンス（S）になるが，一般的に微小な値になるため，μS（マイクロジーメンス）を使用することが多い。

　頂点振幅の他にも SCR の測定指標として用いられるものがある。反応潜時は，刺激呈示の時点から反応が生じる時点までの時間である。また，頂点振幅の 1/2 の振幅になるまでの時間を 1/2 回復時間として反応持続の指標とすることがある。回復時間の指標としては，頂点振幅の 1/e の振幅になるまでの時間，つまり回復時定数を使用することもある。

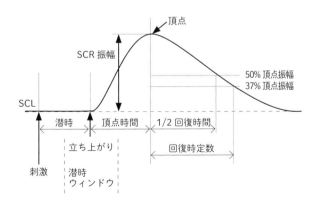

図 14-1　SCR の波形と測定指標（Venables & Christie, 1980）

3　発展課題

　第2節の実験では，SCRの頂点振幅についてのみを分析対象としたが，SCRの他の指標（反応潜時，1/2回復時間，頂点時間）などについても，馴化群と脱馴化群での違いを比較するとよいだろう。

　また，新たに使用する刺激を考えて，同様の手続きで検討してみることも考えられる。たとえば，脱馴化は，概念カテゴリーの違い（生物と非生物，食べられるものと食べられないものなど）の変化によっても生じるので，言語刺激を用いて，その点を検討することも考えられる。標準刺激として，同じカテゴリーだが異なる単語を呈示して，その後，脱馴化群については，異なるカテゴリーの単語を呈示するのである。

脳波および事象関連電位の測定

　私たちの頭部,頭蓋骨の中には脳がある。脳も身体の一部であり,細胞からできている。脳を構成する神経細胞は電気的な活動を行なっており,その電気信号が私たちの精神活動の源なのである。この神経細胞の電気的活動,つまり脳の微弱な電気的活動を,頭皮上に貼り付けた電極から記録したものが脳波である。あまり日常的に脳波に触れる機会はないかもしれないが,脳の障害や睡眠の質の検査などにも用いられる。生理心理学的研究においても,しばしば脳活動の指標として利用されている。本章では脳波の測定について紹介する。

1節　背景

1　脳波

　脳波(electroencephalogram:EEG,脳電図とも呼ばれる)は,脳の電気的活動を,基準となる電極と記録電極との間の電位差の時間的変動として記録したものである。「脳波」と呼ばれるように,波の性質を持ち合わせているため,波の高さである振幅と,1秒間の波の数である**周波数**が測度として重要となる。電位の時間的変動であるため,脳波は縦軸を電位(電圧),横軸を時間として

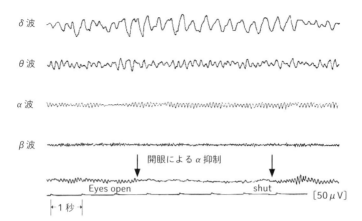

図 15-1 脳波の例（Cooper, Osselton, & Shaw, 1980 より作成）

表わされる（図 15-1）。

　脳波の周波数は脳の活性度を反映すると考えられており，一般的に，脳波はどの程度目が覚めているのかという**覚醒水準**の指標として用いられる。特に，覚醒下において注目されるα波は，8 ～ 13 Hz の正弦波状の規則的な脳波で，閉眼安静時に後頭部に顕著に認められる。眼を開けた場合（あるいは閉眼時においても覚醒水準が高まった場合），α波は消失し，より周波数の高い**β波**が優位になる。覚醒水準が低くなる（眠くなる）場合でもα波は減弱するが，その場合は，**θ波**の成分が優位になる。

2　アーチファクト

　脳波に限ったことではないが，記録された波形のうち，目的とする生体信号以外のものは**アーチファクト**（artifacts）と呼ばれる。一般的な言い方をすればノイズに相当する。脳波に生じうるアーチファクトとしては，以下のようなものがあげられる。交流電源を使用した機器から生じる**ハムノイズ**（国内では交流電源の周波数によって 50 Hz（東日本）と 60 Hz（西日本）のノイズとして生じる），電極のリード線を動かすことによって生じるノイズ，被験者が歯を食いしばった際の筋電図，眼球運動，まばたきなどである。

2 節　実習

1　目的
　脳波の測定を体験し，閉眼安静時に見られる α 波の観察，および脳波とアーチファクトを見分けることを目的とする。

2　方法
（1）被験者
　脳波の測定，α 波の観察などのためには 1 名の被験者でもかまわない。電極装着を体験するためには交代して複数名の被験者を対象としてもよいだろう。

（2）電極の装着
　脳波計測用の銀－塩化銀電極を用いる。**国際 10 − 20 法**に則り，前頭部（Fz），中心部（Cz），頭頂部（Pz），後頭部（Oz）の 4 部位に電極を装着する（図15-2）。電極装着位置の決定にはメジャーなどを使用するとよいだろう。まず，左右の耳介前点（preauricular points；頬骨の根元に当たる点で，耳珠（耳の穴の前にある突起）の上側の根元付近にあるくぼみ）の間の中点で，かつ頭頂付近を通る点にマーカーなどで印をつける。次に，鼻根（nasion；両眼の間の鼻の付け根にあたる点）と後頭結節（inion；後頭部中央の最も隆起している点）の間の中点を決め，この点を Cz とする。この際，先ほどマークした左右の耳介前点の中点を通るようにメジャーを配置する。Cz から，鼻根－後頭結節間の距離の 20% にあたる距離を前に移動した点を Fz，Cz から同様に 20% 後ろに当たる点を Pz，Pz からさらに 20% 後方の点を Oz とする。基準電極として左右の耳朶（耳たぶ）あるいは鼻尖（鼻先），ボディアースとして額に電極を装着する。

　電極装着の際には，装着部位近辺の髪をかき分け，アルコール綿によって脱脂する。その後，研磨剤の入った前処理剤を用いると，簡単に皮膚と電極の間の接触抵抗を下げることができる。この際，こすりすぎないように注意する。電極にペーストをつけ，装着部位に電極を装着する。基準電極やアース電極は

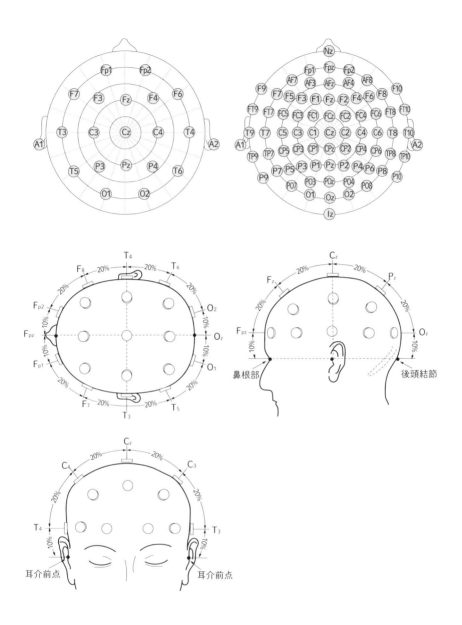

図 15-2　国際 10-20 法に従った脳波電極配置（中下段：Jasper, 1958）

サージカルテープによって固定するとよい。電極箱に各電極を接続し，測定部位の抵抗値を測定し，10 kΩ 以上の場合は，装着部位をアルコール綿で拭き直した後に，電極を装着し直す。増幅器の時定数は 0.3 s（ローカット 0.5 Hz），ハイカットフィルターは 30 Hz に設定する。脳波計によって増幅した脳波信号は，心電図の場合と同様に（第 13 章参照），A/D 変換のうえ，PC へ取り込む。この際のサンプリング周波数は 1,000 Hz とする（サンプリング間隔 1 ms）。

サージカルテープは包帯などを止める医療用テープのこと。これで電極を固定するとよい

(3) 脳波の測定

閉眼安静状態で，数分の脳波を測定する。ノイズがのっている場合は除去する作業を行なう。しばらく波形を観察した後に，①ハムフィルターをオフにする，②電極のリード線を動かしてみる，③被験者に歯を食いしばってもらう，④眼球運動を行なってもらう，⑤まばたきしてもらうことなどによって生じるアーチファクトを観察する。その後，閉眼と開眼をそれぞれ数 10 秒程度のサイクルで繰り返し，それぞれの状態での脳波を観察する。続いて，閉眼安静の脳波を 1 分間記録した後に，閉眼したまま暗算課題を課す。その際に脳波にどのような変化が現われるかについて観察する。

3 結果の整理と考察のヒント

記録した脳波を，タイムスケールを変化させて表示すると，脳波の周波数の特性を理解しやすい。レポートとして報告する場合には，アーチファクトの特徴や，閉眼，開眼によって生じた変化，暗算課題によって生じた変化について記述することや，どうしてそのような変化が生じたのかについて述べるとよいだろう。

3 節 解説と発展

1 中枢神経活動の生理指標

　生理指標は，大きく中枢神経活動を対象とするものと，末梢神経活動を対象とするもの（第13, 14章参照）がある。中枢神経活動の指標は主に脳活動を対象とするもので，例としては以下のようなものがあげられる。それぞれ，**空間分解能**（活動している脳領域を，どの程度細かく同定できるか）と**時間分解能**（どの程度細かい時間的変化が同定できるか）に特色があるので，使用する際には，その点を十分に留意しておく必要がある。

- 脳波（electroencephalography：EEG）：脳の電気的な活動を頭皮上に設置した電極によって記録したもの。
- **事象関連電位**（event-related potential：ERP）：脳波活動のうち，特定の刺激や内的活動に同期した成分を抽出したもの。
- **脳磁図**（magnetoencephalography：MEG）：脳の電気的活動によって生じた磁気変化を頭皮上に設置したセンサーによって記録したもの。
- **機能的核磁気共鳴画像**（functional magnetic resonance imaging：fMRI）：脳の局所的な血流の変化を核磁気共鳴画像として記録したもの。
- **陽電子断層撮影**（positron emission tomography：PET）：血管内に注入した放射線ラベルした物質の活動を体外のセンサーから記録したもの。心理学的研究では，脳内の局所血流量や，特定の脳内の物質の量が測定対象となる。
- **近赤外線分光法**（near-infrared spectroscopy：NIRS）：脳血流変化を頭皮上に設置したプローブによって近赤外線の吸収の変化として記録したもの。

2 脳波について

　脳波が，神経細胞のどのような電気的活動を反映しているのかについてはまだ明確にされていないが，大脳皮質にある錐体細胞の尖端樹状突起に入力する**シナプス後電位**によって生じた**双極子**（ダイポール：dipole）の加算されたも

162　第 5 部　生理

のであると考えられている。

　第1節でも述べたが，脳波は，その周波数によって分類される（図15-1）。**α波**は8〜13 Hzの波で，一般的に閉眼安静時に顕著に認められる。**β波**は13〜30 Hzの波で，主に覚醒時に認められる脳波である。覚醒時にはさらにγ波と呼ばれる30 Hz以上の高い周波数の活動も見られる。眼を閉じるとα波が認められるが，覚醒水準が下がり，うとうとした状態になってくると，しだいに4〜7 Hzの**θ波**が見られるようになる。さらに睡眠が深くなってくると，0.1〜3 Hzのゆったりとした変動である**δ波**が顕著になる。

　脳波は覚醒水準の指標として多用されるが，その際にα波成分だけに注目していると，α波の消失が，覚醒水準が高まったことによるのか，逆に低まったことによるのか判断できない。そのため，脳波を覚醒水準の指標とする際には，α波に加えて，θ波やβ波などの他の周波数成分についても検討すべきである。

3　事象関連電位

　事象関連電位（event-related potential：ERP）は，なんらかの事象（外的に与えられた刺激，特定の内的プロセスなど）によって引き起こされる脳が示す電位変動である。対象とする事象の脳内情報処理を反映するために，しばしば心理学実験において使用される生理指標である。一般的には，頭皮上に取りつけた電極によって記録された脳波から算出されることが多いが，硬膜下に設置された電極や脳内に埋め込まれた深部電極によって導出された電位から求められることもある。

　特定の事象によって引き起こされるといっても，事象関連電位は，α波成分などの自発的な背景脳波に比べて相対的に大きいというわけではない。そのため，事象関連電位は通常**加算平均**処置によって算出される。対象となる事象を何度も引き起こし，それに対する電位変動を記録し加算平均するのである。加算回数が増えるに伴い，同じ事象に対する反応である事象関連電位の大きさは変わらないが，背景脳波は平坦化していく。理論的には，N回加算すると背景脳波の大きさは$1/\sqrt{N}$の大きさになる。通常は，対象となる事象（刺激）の呈示開始時点（オンセット）に，記録した脳波を揃えて加算平均を行なう。加

第15章　脳波および事象関連電位の測定　　163

算平均によって得られた事象関連電位は，緩やかな波の形状をしているが，基線に対して正の電位を示すものを「P」で，負の電位を示すものを「N」で表わし，それに続いて，波の頂点のオンセットからの時間（頂点潜時）を表記する。あるいは，オンセットから順番に番号をつける表記の仕方もある。たとえば，刺激後約 300 ms に認められる大きな陽性成分を P300 とか P3 のように示す。

代表的な事象関連電位には以下のようなものがある。

① ミスマッチ陰性電位（mismatch negativity：MMN）　同じ刺激が繰り返し呈示された後に，逸脱刺激が呈示された際に生じる ERP 成分である。聴覚刺激を用いた場合では，150 ms ～ 200 ms の潜時で出現する。刺激に対して注意を払っていてもいなくても出現する ERP であるため，繰り返し呈示される刺激からの変化を自動的に検出することにかかわると考えられている。

② P300（P3）　内因性の ERP 成分としては最もよく知られているものであろう。典型的な P300 を惹起する課題は**オッドボール(odd-ball)**パラダイムで，高頻度に呈示される標準刺激の中に，時々低頻度刺激（たとえば呈示確率が 20%）を呈示する。被験者には低頻度刺激の回数を数えさせるなど，注意を促す課題を課す。このようなオッドボール課題の低頻度刺激に対して，頭頂部に顕著に見られる陽性の大きな ERP 成分が P300 である。典型的な頂点潜時が刺激オンセット後約 300 ms であるため，P300 と呼ばれる。P300 は，刺激に対して能動的に注意を向け評価することに関連すると考えられている。

③ 随伴性陰性変動（contingent negative variation：CNV）　警告刺激に続いて呈示される命令刺激に対して反応を要求する場合に（よーい，ドンの合図などがこれに相当する），2 つの刺激の間で認められる緩やかな陰性の電位変動である。期待，注意，意欲，動機づけなどと関係するといわれている。

④ N400　主に言語刺激の意味の逸脱に対して，中心部および頭頂部に顕著に見られる潜時約 400 ms の陰性成分である。意味的逸脱の程度が大きくなるほど，振幅が大きくなることが知られている。

4 発展課題

オッドボール課題を題材として用い，代表的な ERP である P300 を観察する。

(1) 方法

第2節の脳波測定の際と同様に電極を装着する。増幅器の設定は，時定数を 3.2 s （ローカット 0.05 Hz），ハイカットフィルターは 30 Hz とする。記録した脳波についても，第2節と同様に PC へ入力する。さらに事象関連電位の測定の場合には，刺激の呈示開始のタイミング（刺激のオンセット）を，**トリガー信号**として入力する必要がある。後の分析では，このトリガー信号を基準として，加算平均処理を行なう。トリガー信号の出力や以下に述べる刺激の制御には，PC 上で動く実験用アプリケーションを用いるとよいだろう。ただし，時間精度には注意を要する（Column 1 参照）。

被験者にはオッドボール課題を課す。聴覚刺激を用いる場合は，ヘッドホンなどによって刺激を呈示するとよいだろう。刺激は，1,000 Hz の純音を標準刺激，2,000 Hz の純音を標的刺激として，それぞれを 8：2 の割合になるようにランダムな順序で呈示する。刺激の持続時間は 50 ms とし，刺激間間隔（inter stimulus interval：ISI）は 1.5 s から 2 s の間のランダムな値とする。被験者には標的刺激の呈示回数を声に出さずに数えるように教示する。

聴覚刺激の代わりに視覚刺激を用いてもよい。その場合は，標準刺激を直径が視角 5° 程度の白色円形，標的刺激を同じサイズの赤い円形として，PC モニタ中央に呈示するとよいだろう。持続時間や ISI については，聴覚刺激の場合と同様でよい。

(2) 結果の分析と考察のヒント

刺激の呈示前 100 ms から，刺激呈示後 600 ms までの脳波について，刺激ごとに加算平均を行なう。実際に加算平均処理を行なう際には，MATLAB 上で動作する EEGlab（Delorme & Makeig, 2004）および ERPlab（Lopez-Calderon & Luck, 2014）を使用するとよいだろう。加算平均した波形について，高頻度刺激に対するものと低頻度刺激に対するものを比較する。数値データとして扱う場合には，適当な潜時帯を決定し（たとえば，250 〜 400 ms），その積分値（振

第 15 章　脳波および事象関連電位の測定　165

幅値の合計）あるいは平均振幅値を算出して比較する。

　レポートをまとめる際には，次のような点を中心に考察するとよいだろう。

・どのような ERP 波形が観察できたか？

・刺激による違いは見られたか？

・記録電極間に ERP 成分の違いは見られたか？

・上記の違いが認められた場合は，その原因として何が考えられるか？

PsychoPyを利用した実験プログラムの作成

　この本で取り上げている実験のうち，心的回転課題（第 8 章）や視覚探索課題（第 9 章）のような知覚・認知にかかわる実験課題には，厳密な刺激の制御や反応時間の測定が不可欠である。ストップウォッチなどを使った人の手による測定では精度に限界があるので，コンピュータ（以下 PC）を使った実験環境を整えなければならない。

　従来，PC で実験を実施するためには，自身で言語を習得してプログラムを作成するか，Superlab や E-prime といった比較的高価な心理学実験用ソフトウェアを購入する必要があった。しかし，最近無料でダウンロードして利用できる実験用のソフトウェアが開発され，心理学実験の環境を構築する敷居が下がってきている。本章では，そのような心理実験用のプログラムの一つである **PsychoPy**（Peirce, 2007, 2009）を取り上げ，簡単な知覚・認知実験の作成方法を解説する。より複雑な実験計画については，Web 上にチュートリアルサイトなどのオンラインリソースがあるので，そちらを参照してほしい（URL などは後述）。なお，本章では MacOS 版を取り上げ解説するが，Windows 版や Ubuntu 版でも同様の操作が可能である。

1 節　PsychoPy の概要

1　PsychoPy とは

　PsychoPy（サイコパイ）とは，プログラミング言語の一つである Python で書かれたオープンソースのアプリケーションである。心理学実験に必要な視聴覚刺激の呈示，キーボードやマウスを介した反応の取得，データの記録・出力などを行なうことができる。PsychoPy は，無料で利用できる，インストールが簡単である，Windows だけではなく Mac や Ubuntu などにも対応している，GUI 環境で実験を構築できる，などさまざまなメリットがある。現在，開発が非常に活発に行なわれており不具合はどんどん解決されているが，特に大きなバージョンアップの前後では，仕様変更によって以前のバージョンで作成した実験課題が新しいバージョンでは実行できないという問題が生じることもある。

2　インストール方法

　PsychoPy は公式 web ページ（http://www.psychopy.org/）からダウンロードできる。ページ右の「Download」をクリックし，ダウンロード用のページに移動する。Windows 用は「StandalonePsychoPy-1.84.0-win32.exe」などファイル名に「win32.exe」という文字列が含まれるファイル，Mac 用は「StandalonePsychoPy-1.84.0-OSX_64bit.dmg」など「OSX_64bit.dmg」がファイル名に含まれるファイルを選択し，ダウンロードする。その後は通常のアプリケーションのインストール方法と同様である。

3　画面構成

　PsychoPy には Builder と Coder と呼ばれる 2 つのモードがある。Builder モードは GUI 環境で実験を構築できるモードで，比較的シンプルな実験の作成に向いている。一方，Coder モードはエディタ画面に Python のコードを打ち込んでいくことで実験を作成するモードで，使いこなせば非常に複雑な実験課題にも対応可能である。このコラムでは，Builder モードの基本的な機能を中心

168　付章　PsychoPy を利用した実験プログラムの作成

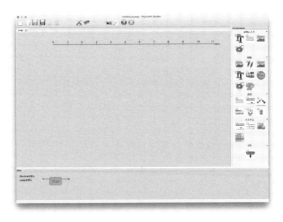

図1　PsychoPy（バージョン1.84.2）の起動画面

に紹介する。

　Builderモードを起動すると図1のような画面が表示される。画面は3つのペイン（領域）に分かれている（上下2つしかペインのない場合にはCoderモードで起動しているので，メニューバーの［ビュー］から［Builderを開く］を選択する）。一番大きなペインがルーチンペインで，実験を構成するイベントの時間的な流れ（刺激の呈示や反応取得のタイミングなど）をここで設定する。下部はフローペイントと呼ばれ，実験全体の構成（教示や試行の繰り返しなど）を設定する。右側はコンポーネントペインと呼ばれ，実験を組み立てるための部品にあたるコンポーネントが配置されており，ここから必要なコンポーネントを選択する。コンポーネントには刺激を呈示するタイプ（Text, Polygon, Imageなど），反応の取得を行なうタイプ（Keyboard, Mouse, RatingScaleなど），実験制御に関連するタイプ（Static, Codeなど）がある。コンポーネントの詳細については後述する。

2節　プログラムの作成例（視覚探索課題）

　ここでは，PsychoPyを使って実際にプログラムを作成する手順を解説する。

例として作成する実験課題は第 9 章で取り上げた視覚探索課題とする。刺激画面は画像ファイルで準備し，Builder の基本的な機能のみを用いて実験プログラムを作成する。そのため，このやりかたでプログラムが作成できるようになれば，心的回転をはじめとしたさまざまな実験課題に応用できるはずである。

1 刺激画面の作成

視覚探索課題の刺激画面は，ランダムに配置された複数の探索刺激から構成される。第 9 章の内容に基づき，2（探索種類）× 3（セットサイズ）× 2（標的の有無）= 12 種類の刺激種類について，それぞれ 10 枚程度の探索画面を準備する。

刺激画面の作成は，PowerPoint や Keynote などのプレゼンテーションソフトを使うのが簡単でお薦めである。スライドに図形描画ツールで探索刺激を配置して，必要な画面の枚数分だけスライドを作成する。刺激の配置は，標的刺激や妨害刺激の位置が刺激画面間でばらつくように，工夫するとよい。

できあがったスライドは画像として保存する。Windows 版の PowerPoint であれば，「名前を付けて保存」で現われるダイアログの「ファイルの種類」

図 2 「名前を付けて保存」ダイアログでファイル形式を指定する

からJPEGファイル形式あるいはPNGファイル形式を選び，保存ボタンをクリックする（図2）。次に画像として保存する対象のスライドを問い合わせるダイアログが現われるので，「すべてのスライド」を選択すると，指定したフォルダにすべてのスライドが個別の画像ファイルとして保存される。Mac版では，ファイルメニューから「エクスポート…」を選択すると同様に画像への変換が可能である。出力されたファイルは「スライド1.png」「スライド2.png」などのファイル名になっているが，刺激の条件・種類がわかるようにファイル名に書き換える（たとえば，「parallel-8-present-01.png」「parallel-8-present-02.png」など）。ファイル名の書き換えにはリネーム用のソフトを用いると便利である（WindowsであればFlexible Renamer，MacOSであればShupapanなどが無料でダウンロードできる）このとき，ファイル名には全角文字を用いず，半角英数字だけを使う。

2　実験試行の作成

刺激が作成できたら，PsychoPyを起動し，実験プログラムの作成にかかる。まず，刺激呈示および反応の記録を行なう実験試行をする。1試行の流れは第9章の図9-2を参照してほしい。このデザインをPsychoPyで作成すると図3のようなかたちとなる。この作成方法を順を追って説明する。

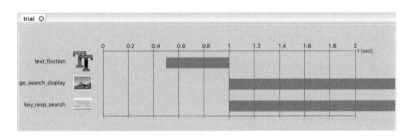

図3　1試行の流れをPsychoPyのルーチンペインで示したもの

(1) 実験プログラムの保存

まずプログラムを保存する場所(フォルダ)を決めるためにファイルメニューから「名前を付けて保存」を選択する。プログラムのファイル名や，保存フォ

ルダ（上位フォルダも含む）の名前に全角文字が含まれていると，OSやバージョーンによっては，プログラムが正常に動作せず実行してもすぐに終了してしまうので，必ず半角英数字のみを使用するように注意すること。もしそのような状況に遭遇した場合は，まずプログラムを保存しているフォルダ名に全角文字が使用されていないかどうかを確認し，それでも動かない場合には，フォルダを別の場所，たとえば各ドライブのルートフォルダ（windowsであれば，c:¥）などに移動してみるとよい。

　プログラムを保存したら，そのフォルダ内に「stimulus」などの名前でフォルダを作成し，その中に作成した刺激の画像ファイルをすべて移動しておく。

(2) ブランク・注視点の作成

　注視点の呈示にはTextコンポーネントを使う。コンポーネントペインからTextコンポーネントを選択すると，図4のような設定画面が現われる。ここで呈示するテキストの内容や呈示時間，文字のサイズ・色などを設定できる。

①名前　コンポーネントの名前を設定する。この名前は他のコンポーネントや

図4　Textコンポーネントの設定画面（プロパティ画面）

条件ファイル（後述）の変数名と重複できない。重複した場合には，プログラムが動作しないので注意すること。初期値は「text」となっているので，その後ろにコンポーネントの内容がわかる文字列を足すとよい（たとえば注視点であれば，「text_fixation」）。

②開始・終了　開始の項目では，ルーチンの開始から何秒後に文字を呈示するかを設定する。秒の代わりに，フレーム数で指定することもできる。終了の項目は，刺激呈示をどのタイミングで終了するかを指定する。今回，500 ms のブランクの後，500 ms 間注視点を呈示するスケジュールなので，開始を「時刻（秒）」として値に 0.5 を入力，終了を「実行時間（秒）」として値に 0.5 を入力すると，スケジュール通りに呈示が行なわれる。

③色　文字色を英単語で指定する。指定可能な英単語は，「X11 の色名称」として定められたもので，red，blue，yellow など一般的な色名はほとんど対応している（「X11 の色名称」でインターネット検索するとよい）。その他にも，RGB の値や，DKL・LMS 色空間の座標で指定することも可能である。右の「更新しない」設定メニューについては後述するので，現段階では無視しておいてよい。

④フォント　呈示する文字のフォントを選ぶことができる。フォント名を直接入力する。環境によっては日本語（全角文字）を表示すると文字が欠けてうまく表示できない問題があるが，「ヒラギノ角ゴシック W5」を指定するとうまく表示できるようである（MacOS 版 v1.84.2 で確認）。

⑤文字の高さ　文字の大きさを，高さで指定する。初期値は 0.1 となっているが，これはディスプレイの縦のサイズを 1 としたときの割合で指定している（たとえば，ディスプレイの解像度が 1920 × 1080 であった場合，文字の高さは 108 ピクセルとなる）。「高度」タブを選択すると「単位」という欄があり，そこから「pix」を選択するとピクセル単位で指定することも可能である。他にもディスプレイサイズなどを設定すれば視角や cm などでも指定が可能であるが，ここでは解説を省く。

⑥位置　文字列を呈示する位置をここで設定する。初期値は「(0, 0)」で画面中央に文字が呈示される。2 つ指定する値は，それぞれ x 座標，y 座標の座標値で，それぞれの値は -1 〜 1 の値をとる。画面中央が (0, 0) となり，画面

幅の10%左に文字を移動させたい場合には「(-0.1, 0)」と指定する。他の設定値同様に，ピクセル単位など他の単位でも指定が可能である。
⑦文字列　この項目に呈示する文字列を記入する。今回は注視点を呈示するので，プラス記号（+）を入力する。日本語（全角文字）の呈示や改行も可能である。

(3) 刺激画面の呈示

刺激画面（探索画面）は，先ほどつくった画像ファイルを呈示するのでimage コンポーネントをコンポーネントペインから選択し，設定を行なう（図5）。Text コンポーネント同様に設定を行なうが，以下は特に注意すべき点に絞って説明する。

①開始・終了　刺激画面は注視点の呈示が終了したタイミングで呈示するので，注視時間の呈示が終了する「時刻（秒）」「1」と入力する。終了の項目は空白とする。これによって制限時間なく画面が呈示され続ける。今回の場合は被験者の反応をもって画面呈示を打ち切るので，終了のタイミングは反応取得を行なうコンポーネントのほうで設定する。
②画像　この項目では呈示する画像ファイルをファイル名で指定する。実際

図5　image コンポーネントの設定例

には呈示される刺激ファイルはランダムに指定されるので，そのように記述する必要があるが，ここではひとまずどれか1つの画像ファイル名を設定しておく．今回のように画像ファイルをフォルダに入れてまとめている場合には，フォルダ名も含め「stimulus/parallel-8-present-01.png」と指定する．なお，Windows では区切り記号は"/"ではなく"¥"なので，「stimulus¥parallel-8-present-01.png」と指定する．

③位置・サイズ　位置，サイズについてはそのまま変更しなくてもよい．刺激サイズを調整したいときには数値を変更するとよい．画像のサイズの設定は単位を「pix」に変えて，ピクセル単位で指定したほうがわかりやすい．

(4) 反応取得

今回の実験では，被験者が画面内の標的刺激の有無を判断し，キーボードのキーを押して反応することになっている．そのため，反応取得のために Keyboard コンポーネントを利用する（図6）．

①開始・終了　開始に設定したタイミングから反応の記録が始まり，その時点が反応時間測定の起点となる．今回の場合，刺激の呈示時点からキー押し反応までの時間を反応時間として測定するので，開始には image コンポーネ

図6　keyboard コンポーネントの設定例

ントと同じく「時刻 (秒)」「1」と指定する。終了の項目は空白とする。

② Routine を終了　この項目にチェックを入れると，反応があった時点で試行を終了する。1試行で複数の反応を取得するような場合には，チェックを外しておく。

③ 検出するキー・記録・正答を記録　このコンポーネントで反応と認識するキーを設定する。ここに設定されていないキーの反応は記録されず，無視される。今回は F キーと J キーを用いるので「'f', 'j'」とシングルクオーテーションで囲み，カンマで区切って指定する。

　「記録」項目は初期値の「最後のキー」のままでよい。「正答を記録」項目については後ほど設定するが，今はチェックを外しておく。

(5)　動作確認

　ここまでで試行ルーチン内のイベントの設定が終了したことになる。ツールバーの緑色の実行ボタンをクリック，プログラムを実行してみるとよい。最初に被験者名などを入力するダイアログが表示されるが，何も入力せず OK をクリックすればよい。問題なければ，注視点と刺激が呈示され，F キーか J キーを押すとプログラムが終了するはずである。

3　ループと条件ファイルの設定

　実際の実験では1試行のみで終わるのではなく複数回行なわれ，しかもどの試行にどの刺激が呈示されるのかはランダムに決定される。そのような繰り返しの処理を行なうためには，ループと条件ファイルの設定が必要となる。

(1)　ループの作成

　ループは下部のフローペインから設定する。「Loop を挿入」を選択して，ループの始点と終点をクリックすると，Loop のプロパティ設定画面が現われる。設定は後ほど行なうので，何も変更せず OK をクリックすると，フローペインの表示が図7のようになる。

176　　付章　PsychoPy を利用した実験プログラムの作成

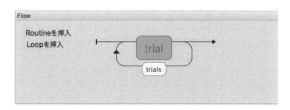

図7　ループを挿入した後のフローペイン

(2) 条件ファイルの作成

条件ファイルとは，試行ごとにどのように刺激を呈示するのかを設定するためのファイルである。条件ファイルはExcelのxlsxファイル形式で作成する。今回の実験デザインであれば，図8のような内容となる（一部を抜粋）。

第1行めには列の内容を示す列ラベルをおく。これが実験プログラム内で指定する変数名（後述）となる。列ラベルは必ず半角英数字・記号のみを用いる。またプログラム内のコンポーネントやルーチンの名前と重複しないようにする。第2行め以降は各試行条件の設定内容を記述する。この例では，1列めは画像ファイル名，2列めはセットサイズ，3行めが標的刺激の有無，4行め

	A	B	C	D	E
1	stimulus_name	set_size	target_present	correct_answer	
2	stimulus/parallel-8-present-01.PNG	8	present	f	
3	stimulus/parallel-8-present-02.PNG	8	present	f	
4	stimulus/parallel-8-present-03.PNG	8	present	f	
5	stimulus/parallel-8-present-04.PNG	8	present	f	
6	stimulus/parallel-8-present-05.PNG	8	present	f	
7	stimulus/parallel-8-absent-01.PNG	8	absent	j	
8	stimulus/parallel-8-absent-02.PNG	8	absent	j	
9	stimulus/parallel-8-absent-03.PNG	8	absent	j	
10	stimulus/parallel-8-absent-04.PNG	8	absent	j	
11	stimulus/parallel-8-absent-05.PNG	8	absent	j	
12	stimulus/parallel-12-present-01.PNG	12	present	f	
13	stimulus/parallel-12-present-02.PNG	12	present	f	
14	stimulus/parallel-12-present-03.PNG	12	present	f	
15	stimulus/parallel-12-present-04.PNG	12	present	f	
16	stimulus/parallel-12-present-05.PNG	12	present	f	
17	stimulus/parallel-12-absent-01.PNG	12	absent	j	
18	stimulus/parallel-12-absent-02.PNG	12	absent	j	
19	stimulus/parallel-12-absent-03.PNG	12	absent	j	
20	stimulus/parallel-12-absent-04.PNG	12	absent	j	
21	stimulus/parallel-12-absent-05.PNG	12	absent	j	
22					

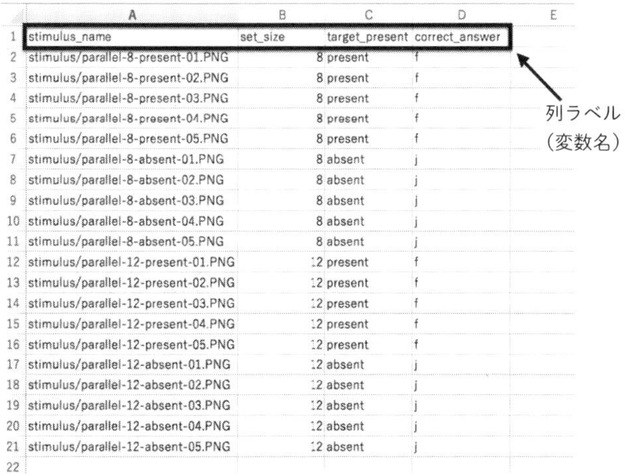

図8　条件ファイルの記述例

が正答となる反応キー（jまたはf）が記入されている．今回の実験であれば，12種類の刺激種類にそれぞれ10枚の画像を作成しているはずなので，120列からなる条件ファイルができあがるはずである．できあがったファイルは，「conditions.xlsx」などとファイル名をつけて，実験プログラムと同じフォルダに保存する．

なお，プログラムの動作上は条件ファイルに記述するのは1列め（画像ファイル名）だけでも問題ないが，条件ファイルに記入された情報は，各試行の情報として結果ファイルに出力されるため，分析の際の手間を考えると2列め以降も記入しておいたほうがよい．

(3) 条件ファイルの指定

ループの設定画面から条件ファイルを指定し，読み込むことができる．ループのプロパティ画面の「繰り返し条件」の横にある選択ボタンを押し，作成した条件ファイルを選択する．読み込みが成功すると列ラベルで指定した変数の数と名前，条件数が表示されるので，正しいかどうか確認する．間違えていた場合には，条件ファイルを修正し，再度読み込みを行なう．条件ファイルを書き換えたときは，読み込みの操作を行なわないとPsychoPy上での情報は更新されないので，毎回この操作を行なうのを忘れないようにしてほしい．

図9 ループプロパティでの条件ファイルの読み込み

ここでループのプロパティで重要な「繰り返し回数」項目と「Loop の種類」について説明する（図 9）。まず「繰り返し回数」は読み込んだ条件ファイル内の各条件を何回繰り返すかに関する設定である。今回の場合，条件ファイルには 120 種類の条件が記載されているので，たとえば「繰り返し回数」を 2 に設定すると，120 条件 × 2 回 = 240 試行の実験となる。

　「Loop の種類」には Random, Sequential, fullRandom, staircase, interleaved staircase の 5 種類の選択項目がある。後ろの 2 つは階段法を用いた実験に使用するので，ここでは説明を省く。たとえば A, B, C という 2 つの試行条件を 3 回繰り返す場合を考えてみる。random は [B　A　C][B　C　A][A　B　C] というように繰り返しごとに 3 条件をランダマイズしてくれる設定である。Sequential はランダマイズせずに，[A　B　C][A　B　C][A　B　C] と同じ順序で繰り返す設定である。FullRandom は，条件の繰り返しを気にせずに [B　B　C][A　C　C][A　B　B] というように完全にランダムに条件を選び出す設定である。普段よく用いるのは random だが，実験の目的に応じて使い分けるとよい。

(4) 各コンポーネントの設定

　次に条件ファイルから読み込んだ各試行条件の値を，それぞれのコンポーネントで設定する必要がある。今回の実験プログラムで設定しなければならないのは，刺激を呈示する Image コンポーネントの画像ファイル名と，Keyboard コンポーネントの正答・誤答の設定である。

　まず，先ほど作成したルーチンペインの中にある Image コンポーネントをダブルクリックし，設定画面を開く。「画像」の項目に先ほどは 1 つのファイル名を入力していたが，ここが条件ファイルで記述したファイル名になるようにしたい。そのために，この項目に先ほど条件ファイルのラベル列に記述した文字列を入力するのであるが，条件ファイルから読み込んだ値であることを示すために先頭に $（ドル記号）をつけて入力する決まりになっている。つまり，今回の場合では「$stimulus_name」と入力する。それに加えて，右のプルダウンメニューから「繰り返し毎に更新」を選択することによって，ループによる繰り返しごとにこの項目の値を条件ファイルから読み込んで更新するようになる。変更したら OK を押して，設定を完了する。

付章　PsychoPy を利用した実験プログラムの作成　　179

次に Keyboard コンポーネントの設定画面を開き，「正答を記録」項目の
チェックボタンをクリックする。すると「正答」という項目が新しく現われる
ので，ここに条件ファイルで正答となるキーを入力した列のラベルの頭に，$
をつけて「$correct_answer」と入力する。これで，結果ファイルに各試行に
おける被験者の反応の正誤が記録されるようになった。

4 動作確認

　ここまでの手順で一通り実験が行なえるところまでプログラムが完成した。
まずプログラムを走らせてみて，動作確認をする。エラーメッセージが出る
などしてうまく動かない場合には，プログラムおよび条件ファイルに間違い
がないかよく確認する。エラーメッセージは英語で書かれているが，問題解
決のヒントとなる情報が含まれているのでよく読んでみるとよい。たとえば，
「OSError: Couldn't find image 'stimulus/parallel-12-absent-04.PNG'; check
path?」というエラーが出ている場合は，この名前の画像ファイルが見つから
ないということなので，ファイルがちゃんと存在しているか，ファイル名に間
違いがないかを確認してみる。また，プログラムを走らせても実験がスタート
せず，エラーメッセージが出ない場合は，プログラムを置いている（上位のフォ
ルダも含めた）フォルダ名に全角文字が含まれていることが原因であることが
ほとんどなので，確認するとよい。

5 さらなる学習のために

　ここで作成した実験プログラムはあくまで基礎的なものであり，実際に実
験を行なううえでは，一定試行数おきに休憩を入れて被験者の疲労に配慮す
るなどの工夫も必要になる。PsychoPy にはさまざまな機能があり，特に今
回説明しなかった Coder コンポーネントを利用することによって，かなり複
雑なデザインの実験を作成することも可能となる⑩。オンラインリソースで
は，PsychoPy の公式 web ページ（http://www.psychopy.org/）からリンク
されている Documentation というページに，さらに詳細な説明・チュートリ
アルが掲載されているので参照するとよい（ただし英語）。日本語のもので
は，十河宏行氏の Web サイトで公開されている「PsychoPy Builder で作る心

180　　付章　PsychoPy を利用した実験プログラムの作成

理学実験」（http://www.s12600.net/psy/python/ppb/index.html）が最も充実している。また著者の Web サイトでも簡単なチュートリアルや Tips をいくつか掲載しているので，参考までにご覧いただければと思う（http://ogwlab.org/?page_id=460）。Coder 機能を使ってさらに高度な実験を作成したい場合には，『心理学実験プログラミング：Python/PsychoPy による実験作成・データ処理』（十河，2017）で Python 言語の基礎から学ぶのがよい。

第 1 章

Bridgman, P. W. (1927). *The logic of modern physics*. New York; Ma cmillan. （ブリッヂマン，P. W. 今田 惠・石橋 榮（訳）(1941). 現代物理学の論理 創元社）

第 2 章

日本心理学会 (2015). 2015 年改訂版 執筆・投稿の手びき　http://www.psych.or.jp/publication/inst.html（2017 年 3 月 31 日閲覧）

第 3 章

大山 正・今井省吾・和氣典二（編）(1994). 新編 感覚・知覚心理学ハンドブック 誠信書房

第 4 章

Craig, J. C., & Johnson, K. O. (2000). The two-point threshold not a measure of tactile spatial resolution. *Current Directions in Psychological Science, 9*, 29–32.

Johnson, K. O., & Phillips, J. R. (1981). Tactile spatial resolution. I. Two-point discrimination, gap detection, grating resolution, and letter recognition. *Journal of neurophysiology, 46*, 1177–1192.

Weinstein, S. (1968). Intensive and extensive aspects of tactile sensitivity as a function of body part, sex, and laterality. In D. R. Kenshalo (Ed.), *The skin senses* (pp. 195–222). Springfield, IL: Thomas.

Wolfe, J. M., Kluender, K. R., Levi, D. M., Bartoshuk, L. M., Herz, R. S., Klatzky, R. L., ... & Merfeld, D. M. (2006). *Sensation & perception*. Sunderland, MA: Sinauer.

第 5 章

Evans, G. W., & Howard, R. B. (1973). Personal space. *Psychological Bulletin, 80*, 334-344.

Gifford, R. (2002). *Environmental psychology: Principles and practice*, 3rd ed. Colville, WA: Optimal Books. （ギフォード，R. 羽生和紀・槙 究・村松陸雄（監訳）(2005). 環境心理学（上）原理と実践 北大路書房）

Gifford, R., & Price, J. (1979). Personal space in nursery school children. *Canadian Journal of behavioral*

Science, 11, 318-326.

Hall, E. T. (1959). *The silent language.* New York: Doubleday & Company, Inc. （ホール，E. T. 國弘正雄・長井善見・斎藤美津子（訳）(1966). 沈黙のことば 南雲堂）

Hall, E. T. (1966). *The hidden dimension.* New York: Doubleday & Company, Inc. （ホール，E. T. 日高敏隆・佐藤信行（訳）(1970). かくれた次元 みすず書房）

Severy, L. J., Forsyth, D. R., & Wagner, P. J. (1979). A multimethod assessment of personal space development in female and male, black and white children. *Journal of Nonverbal Behavior, 4,* 68-86.

Sommer, R. (1959). Studies in personal space. *Sociometry, 22,* 247-260.

Sommer, R. (1969). *Personal space: The behavioral basis of design.* Englewood Cliffs, NJ: Prentice-Hall. （ソマー，R. 穐山貞登（訳）(1972). 人間の空間：デザインの行動的研究 鹿島出版会）

第 6 章

Blankenship, K. L., Wegener, D. T., Petty, R. E., & Macy, C. L. (2008). Elaboration and consequences of anchored estimates: An attitudinal perspective on numerical anchoring. *Journal of Experimental Social Psychology, 44,* 1465–1476.

Collins, A. M., & Loftus, E. F. (1975). A spreading-activation theory of semantic processing. *Psychological Review, 82,* 407-428.

Critcher, C. R., & Gilovich, T. (2008). Incidental environmental anchors. *Journal of Behavioral Decision Making, 21,* 241-251.

Englich, B., Mussweiler, T., & Strack, F. (2005). The last word in court: A hidden disadvantage for the defense. *Law and Human Behavior, 29,* 705–722.

Epley, N., & Gilovich, T. (2005). When effortful thinking influences judgmental anchoring: differential effects of forewarning and incentives on self-generated and externally provided anchors. *Journal of Behavioral Decision Making, 18,* 199–212.

Kahneman, D. (2011). *Thinking, fast and slow.* New York: Farrar, Straus and Giroux. （カーネマン，D. 村井章子（訳）(2014). ファスト & スロー：あなたの意思はどのように決まるか？ 早川書房）

Lachman, R., Lachman, J. L., & Butterfield, E. C. (1979). *Cognitive psychology and information processing: An introduction.* Hillsdale, NJ: Lawrence Erlbaum Associates.

Marti, M. W. M., & Wissler, R. L. R. (2000). Be careful what you ask for: the effect of anchors on personal injury damages awards. *Journal of Experimental Psychology: Applied, 6,* 91–103.

Mussweiler, T., & Strack, F. (2000). The use of category and exemplar knowledge in the solution of anchoring tasks. *Journal of Personality and Social Psychology, 78,* 1038–1052.

Oppenheimer, D. M., LeBoeuf, R. A., & Brewer, N. T. (2008). Anchors aweigh: A demonstration of cross-modality anchoring and magnitude priming. *Cognition, 106,* 13-26.

第 7 章

Cattell, J. M. (1886). The time it takes to see and name objects. *Mind, 11,* 63–65.

Rosinski, R. R., Golinkoff, R. M., & Kukish, K. S. (1975). Automatic semantic processing in a picture-word interference task. *Child Development, 46,* 247–253.

Stroop, J. R. (1935). Studies of interference in serial verbal reactions. *Journal of Experimental Psychology,*

18, 643–662.

第 8 章

Parsons, L. M. (1987). Imagined spatial transformation of one's hands and feet. *Cognitive Psychology, 19*, 178-241.

Sayeki, Y. (1981). "Body analogy" and the cognition of rotated figures. *Quarterly Newsletter of the Laboratory of Comparative Human Cognition, 3*, 36-40.

Sekiyama, K. (1982). Kinesthetic aspects of mental representation in the identification of left and right hands. *Perception & Psychophysics, 32*, 89-95.

Shepard, R. N., & Metzler, J. (1971). Mental rotation of three-dimensional objects. *Science, 171*, 701-703.

Voyer, D., Voyer, S., & Bryden, M. P. (1995). Magnitude of sex differences in spatial abilities: A meta-analysis and consideration of critical variables. *Psychological Bulletin, 117*, 250-270.

Wohlschläger, A., & Wohlschläger, A. (1998). Mental and manual rotation. *Journal of Experimental Psychology: Human Perception and Performance, 24*, 397-412.

Wexler, M., Kosslyn, S. M., & Berthoz, A. (1998). Motor processes in mental rotation. *Cognition, 68*, 77-94.

Zacks, J. M. (2008). Neuroimaging studies of mental rotation: A meta-analysis and review. *Journal of Cognitive Neuroscience, 20*, 1-19.

▶ Column 1

Muller, S. T., & Piper, B. J. (2014). The psychology experiment building language (PEBL) and PEBL test battery. *Journal of Neuroscience Methods, 222*, 250-259.

Peirce, J. W. (2007). PsychoPy - Psychophysics software in Python. *Journal of Neuroscience Methods, 162*, 8-13.

第 9 章

河原純一郎・横澤一彦 (2015). 注意：選択と統合　勁草書房

熊田孝恒 (2012). マジックにだまされるのはなぜか　化学同人

Shen, J., & Reingold, E. M. (2001). Visual search asymmetry: The influence of stimulus familiarity and low-level features. *Attention, Perception, & Psychophysics, 63*, 464–475.

Treisman, A. M., & Gelade, G. (1980). A feature-integration theory of attention. *Cognitive Psychology, 12*, 97-136.

第 10 章

Atkinson, R. C., & Shiffrin, R. M. (1968). Human memory: A proposed system and its control processes. In K. W. Spence & J. T. Spence (eds.), *The psychology of learning and motivation, Vol. 2.* New York: Academic Press.

Bjork, R. A., & Whitten, W. B. (1974). Recency-sensitive retrieval processes in long-term free recall. *Cognitive Psychology, 6*, 173-189.

Davelaar, E. J., Goshen-Gottstein, Y., Ashkenazi, A., Haarmann, H. J., & Usher, M. (2005). The demise of short-term memory revisited: Empirical and computational investigations of recency effects. *Psychological Review, 112*, 3-42.

Glanzer, M., & Cunitz, A. R. (1966). Two storage mechanisms in free recall. *Journal of Verbal Learning and Verbal Behavior, 5*, 351-360.

Jacoby, L. L., & Bartz, W. H. (1972). Rehearsal and transfer to LTM. *Journal of Verbal Learning and Verbal Behavior, 11*, 561-565.

Postman, L., & Phillips, L. W. (1965). Short-term temporal changes in free recall. *The Quarterly Journal of Experimental Psychology, 17*, 132-138.

Squire, L. R. (1987). *Memory and brain.* New York: Oxford University Press.

梅本堯夫・森川弥寿雄・伊吹昌雄 (1955). 清音 2 字音節の無連想価および有意味度　心理学研究, *26*, 148-155.

第 11 章

Fitts, P. M. (1964). Perceptual-motor skill learning. In: Melton, A. W. (ed.) *Categories of human learning* (pp. 243-285.). NY: Academic Press.

Taylor, H. G., & Heilman, K. M. (1980). Left-hemisphere motor dominance in righthanders. *Cortex, 16*, 587-603.

Packard, M. G., & Knowlton, B. J. (2002). Learning and memory functions of the basal ganglia. *Annual Review of Neuroscience, 25*, 563-593.

Rosenbaum, D. A., Carlson, R. A., & Gilmore, R. O. (2001). Acquisition of intellectual and perceptual-motor skills. *Annual Review of Psychology, 52*, 453-470.

Serrien, D. J., Ivry, R. B., & Swinnen, S. P. (2006). Dynamics of hemispheric specialization and integration in the context of motor control. *Nature Reviews Neuroscience, 7*, 160-166.

第 12 章

Alloway, T., Wilson, G., & Graham, J. (2004). *Sniffy the virtual rat: Pro version 2.0.* Belmont: Wadsworth.

Skinner, B. F. (1938). *The behavior of organisms: An experimental analysis.* New York: Appleton-Century-Crofts.

杉本助男・佐藤方哉・河嶋 孝 (編) (1989). 行動心理ハンドブック　培風館

第 13 章

Lacey, J. I. (1959). Psychophysiological approaches to the evaluation of psychotherapeutic process and outcome. In: E. A. Rubinstein & M. B. Parloff (Eds.), *Research in psychotherapy* (pp. 160-208). Washington, DC: American Psychological Association.

Kaufmann, T., Sütterlin, S., Schulz, S. M., & Vögele C. (2011). ARTiiFACT: a tool for heart rate artifact processing and heart rate variability analysis. *Behavior Research Methods, 43*, 1161-170.

Kosslyn, S. M., Thompson, W. L., & Ganis, G. (2006). *The case for mental imagery.* New York: Oxford.

▶ Column 2

Nater, U. M., & Rohleder, N. (2009). Salivary alpha-amylase as a non-invasive biomarker for the sympathetic nervous system: Current state of research. *Psychoneuroendocrinology, 34*, 486-496.

Speirs, R. L., Herring, J., Cooper, W. D., Hardy, C. C., & Hind, C. R. K. (1974). The influence of sympathetic activity and isoprenaline on the secretion of amylase from human parotid gland. *Archives of Oral Biology, 19*, 747-752.

山口昌樹・金森貴裕・金丸正史・水野康文・吉田 博 (2001). 唾液アミラーゼ活性はストレス推定の指標になり得るか 医用電子と生体工学, *39*, 234-239.

第 14 章

Society for Psychophysiological Research ad hoc committee on electrodermal measures (2012). Publication recommendations for electrodermal measurements. *Psychophysiology, 49*, 1017-103.

Venables, P. H., & Christie, M. J. (1980). Electrodermal activity. In I. Martin & P. H. Venalbes (eds.) *Techniques in psychophysiology* (pp. 3–67). Chichester: John Wiley & Sons.

第 15 章

Cooper, R., Osselton, J. W., & Shaw, J. C. (1980). *EEG technology: Third edition.* London: Butterworths.

Delorme, A., & Makeig, S. (2004). EEGLAB: an open source toolbox for analysis of single-trial EEG dynamics including independent component analysis. *Journal of Neuroscience Methods, 134*, 9-21.

Jasper, H. H. (1958). The ten twenty electrode system of the international federation. *Electroencephalography and Clinical Neurophysiology, 10*, 371-375.

Lopez-Calderon, J., & Luck, S. J. (2014). ERPLAB: an open-source toolbox for the analysis of event-related potentials. *Frontiers in Human Neuroscience, 8*, 213.

付章

Peirce, J. W. (2007). PsychoPy - Psychophysics software in Python. *Journal of Neuroscience Methods, 162*, 8-13.

Peirce, J. W. (2008). Generating stimuli for neuroscience using PsychoPy. *Frontiers in neuroinformatics, 2*. doi:10.3389/neuro.11.010.2008

十河宏行 (2017). 心理学実験プログラミング：Python/PsychoPy による実験作成・データ処理 朝倉書店

索 引

Index

【A ～ Z，ギリシャ文字】

FI スキャロップ　136

PsychoPy　97, 167
P 波　138

QRS 複合　138

R 波　138

T 波　138

α 波　158, 163
β 波　158, 163
δ 波　163
θ 波　158, 163

【あ】

アーチファクト（artifacts）　158
アナログ的表象　86

意味記憶　113
イメージ　83
因果関係　5, 6
インフォームド・コンセント（informed consent）　18

鋭敏化（sensitization）　117
絵・語句干渉効果（picture-word interference effect）　81

エピソード記憶　113

大きさの恒常性　42
オッドボール（odd-ball）　164
オペラント行動　127
オペラント条件づけ（operant conditioning）　118
オペラント水準　128
オペレーティングシステム（OS）　90

【か】

階段法（staircase method）　35
外的変数（extraneous variable）　6
カウンターバランス　9, 19
学習の転移（transfer of learning）　123
覚醒水準　158
加算平均　163
傾き（slope）　95
活性化拡散モデル（spreading activation model）　70
感覚閾（sensory threshold）　32
感覚運動学習（sensory-motor learning）　118
感覚記憶　114
間隔尺度（interval scale）　5
環境の拒否（sensory rejection）　146
環境の取り込み（sensory intake）　146
観察　4

機械受容器（mechanoreceptor）　44

幾何学的錯視（geometrical illusion）　30
記述的研究　4
機能的核磁気共鳴画像（functional magnetic
　　resonance imaging：fMRI）　162
記銘　109
強化　128
強化子　128
強化スケジュール　134
極限法（method of limit）　34
曲線あてはめ　37
近赤外線分光法（near-infrared
　　spectroscopy：NIRS）　162

空間分解能　44, 162
グレゴリー（Gregory, R.）　41
クロック周波数　90

係留効果／アンカリング効果（anchoring
　　effect）　62
系列位置効果（serial position effect）　109
系列的探索（serial search）　96
血圧（blood pressure）　145
結果の知識（knowledge of results：KR）　121
顕在的注意（explicit attention）　94
検索　109
検出閾（detection threshold）　33

語彙判断課題（lexical decision task）　69
効率的探索（efficient search）　95
交互作用（interaction）　10
恒常法（method of constant stimuli）　35
行動指標　144
国際 10 − 20 法　159
古典的条件づけ（classical conditioning）　117
固有感覚（proprioception）　43

【さ】
再生　7, 109
再認　109
作動記憶／作業記憶　114
サンプリング間隔　146

サンプリング周波数　146

視覚探索課題（visual search task）　93
視覚的注意（visual attention）　93
時間分解能　162
時系列データ　146
刺激閾（stimulus threshold）　32
四肢誘導法　138
事象関連電位（event-related potential：
　　ERP）　162, 163
指尖容積脈波（plethysmogram）　145
シナプス後電位　162
弱化　128
弱化子　128
自由再生法　109
従属変数（dependent variable）　6
集中練習（distributed practice／spaced
　　practice）　122
周波数　157
主観指標　144
主観的等価点（point of subjective quality：
　　PSE）　33
主効果（main effect）　9
馴化（habituation）　117, 152
順序尺度（ordinal scale）　5
条件刺激（conditioned stimulus：CS）　128
条件反応（conditioned response：CR）　128
情動ストループ効果　81
剰余変数　6
触二点閾（two-point touch threshold）　43
初頭効果（primacy effect）　110
新近性効果（recency effect）　110
シングルタスク OS　90
心電図（electrocardiogram：ECG）　138
心拍数（heart rate）　145
心理測定関数（psychometric function）　36

スキナー（Skinner, B. F.）　127
ストループ効果（Stroop effect）　72

精神（心理）物理学　32
精神物理学（psychophysics）　32

正の転移　123
生理指標　144
絶対閾（absolute threshold）　33
切片（intercept）　95
宣言的記憶（陳述記憶）　113
潜在的注意（implicit attention）　94

相関研究　5
想起　109
双極子　162
操作主義（operationalism）　7
操作的研究　6
操作的定義　7

【た】
対人距離　56
体性感覚（somatosensation）　43
体部位再現性（somatotopy）　45
脱馴化（dishabituation）　152
短期記憶（short-term memory）　109, 114
探索関数（search function）　94
探索非対称性（search asymmetry）　103

知覚運動学習（perceptual-motor learning）
　118
逐次接近法　130
注意（attention）　72
中央演算処理装置（CPU）　90
長期記憶（long-term memory）　109, 114
調整法（method of adjustment）　33
丁度可知差異（just noticeable difference：
　jnd）　33
貯蔵　109

通電法　154

定位反応（orienting response）　151
デジタル信号入出力（I/O）　92
デセプション（deception）　18
手続き記憶　113
デブリーフィング（debriefing）　18

電位法　154

道具的条件づけ（instrumental conditioning）
　118
統制条件（control condition）　8
特徴統合理論（feature integration theory）
　100
独立変数（independent variable）　6
トリガー信号　165

【な】
なわばり（テリトリー）　52

脳磁図（magnetoencephalography：MEG）
　162
脳波／脳電図（electroencephalogram：EEG）
　157

【は】
ハイカットフィルタ　145
ハイパスフィルタ　145
パチニ小体　44
罰　128
罰子　128
パフォーマンスの知識（knowledge of
　performance：KP）　121
パブロフ型条件づけ（Pavlovian conditioning）
　117
ハムノイズ　158
パラグラフ・ライティング　14
パラレルポート　92
反応トポグラフィ　130

被験者間要因（between-subject factor）　8
被験者内要因（within-subject factor）　8
非効率的探索（inefficient search）　96
非宣言的記憶／非陳述記憶　113
皮膚コンダクタンス水準（skin conductance
　level：SCL）　152
皮膚コンダクタンス反応（skin conductance

response：SCR） 152
皮膚コンダクタンス変化（skin conductance change：SCC） 152
皮膚電位水準（skin potential level：SPL） 155
皮膚電位反応（skin potential response：SPR） 154
皮膚電気活動（electrodermal activity：EDA） 145, 152
表象 82
標的刺激（ターゲット：target） 94
比率尺度（ratio scale） 5

フィルタ 145
フェヒナー（Fechner, G. T.） 32
符号化 109
負の転移 124
部分強化（partial reinforcement） 134
プライミング効果（priming effect） 69
プロキセミクス（proxemics） 57
分散練習（massed practice） 122

並列探索（parallel search） 95
変数（variable） 4
弁別閾（difference threshold） 32

妨害刺激（ディストラクタ：distractor） 94
ポーリング 91
保持 109
ポップアウト（pop out） 95

【ま】
マイスナー小体 44
マルチタスク OS 90

ミューラー・リアー錯視（Müller–Lyer illusion） 31

無条件刺激（unconditioned stimulus：US） 127
無条件反応（unconditioned response：UR） 127

名義尺度（nominal scale） 5
命題的表象 87
メルケル盤 44

【や】
要因（factor） 8
陽電子断層撮影（positron emission tomography：PET） 162

【ら】
リアルタイム OS 91
リハーサル 109
両側性転移 124

累積記録器 130
ルフィニ終端 44

レスポンデント行動 127
レスポンデント条件づけ（respondent conditioning） 117
連続強化（continuous reinforcement：CRF） 134

ローカットフィルタ 145
ローパスフィルタ 145

【わ】
ワーキングメモリ 114
割り込み 91

［シリーズ監修者］

三浦麻子（みうら・あさこ）

1995 年　大阪大学大学院人間科学研究科博士後期課程中途退学

現　　在　関西学院大学文学部教授，博士（人間科学）

［主著・論文］

『グラフィカル多変量解析（増補版）』（共著）現代数学社　2002 年

『インターネット心理学のフロンティア』（共編著）誠信書房　2009 年

『人文・社会科学のためのテキストマイニング【改訂新版】』（共著）誠信書房　2014 年

「オンライン調査モニタの Satisfice に関する実験的研究」社会心理学研究，第 31 巻，1-12. 2015 年

「東日本大震災時のネガティブ感情反応表出」心理学研究，第 86 巻，102-111. 2015 年

[著 者]

佐藤暢哉（さとう・のぶや）　　　［第 1 章, 第 5 章, 第 8 章, 第 10 章～第 15 章, Column 1, 2］

2000 年　広島大学大学院生物圏科学研究科博士課程後期修了　博士（学術）
現　　在　関西学院大学文学部教授
［主著・論文］

「Navigation-associated medial parietal neurons in monkeys」（共著）*Proceedings of the National Academy of Sciences of the United States of America*, 第103巻, 17001-17006.　2006 年

「Context-Dependent Place-Selective Responses of the Neurons in the Medial Parietal Region of Macaque Monkeys」（共著）*Cerebral Cortex*, 第20巻, 846-858.　2010 年

「Task Contingencies and Perceptual Strategies Shape Behavioral Effects on Neuronal Response Profiles」（共著）*Journal of Neurophysiology*, 第109巻, 546-556.　2013 年

「Rats demonstrate helping behavior toward a soaked conspecific」（共著）*Animal Cognition*, 第18巻, 1039-1047.　2015 年

「Roles of the Lateral Habenula and Anterior Cingulate Cortex in Negative Outcome Monitoring and Behavioral Adjustment in Nonhuman Primates」（共著）*Neuron*, 第88巻, 792-804.　2015 年

小川洋和（おがわ・ひろかず）　　　［第 2 章～第 4 章, 第 6 章, 第 7 章, 第 9 章, 付章］

2003 年　関西学院大学大学院文学研究科博士課程後期課程心理学専攻 修了　博士（心理学）
現　　在　関西学院大学文学部教授
［主著・論文］

「Inhibitory tagging on randomly moving objects」*Psychological Science*, 第13巻, 125-129.　2002 年

「Attentional prioritization to contextually new objects」*Psychonomic Bulletin & Review*, 第13巻, 276-289.　2006 年

「Implicit learning increases preference for predictive visual display」*Attention, Perception & Psychophysics*, 第73巻, 1815-1822.　2011 年

『認知心理学ハンドブック』（共著）　有斐閣　2013 年

『心理学の基礎　四訂版』（共著）　培風館　2016 年

イラスト：田渕　恵（関西学院大学）

［サポートサイト］

本シリーズに連動したサポートサイトを用意しており，各巻に関連する資料を提供している。
また，本書の本文中に **DL** 印がついた下記の資料は，ダウンロードすることができる。

DL ミューラー・リアー錯視実験　記録用紙（p.40）

DL 触二点閾実験　記録用紙（p.48）

DL パーソナル・スペース課題　記録用紙（p. 54）

DL パーソナル・スペース課題　形状の記録用紙（p. 55）

DL ストループ課題　実験刺激の作成例（p.75）

DL 心的回転課題　PsychoPy 実験プログラム（p. 85）

DL 視覚探索課題　PsychoPy 実験プログラム（p.97, 180）

DL 視覚探索課題　実験刺激の作成例（p.97）

DL 系列位置効果課題　実験刺激の作成例（p.111）

DL 系列位置効果課題　記録用紙（p.112）

DL 鏡映描写課題　課題用紙（p.119）

http://psysci.kwansei.ac.jp/introduction/booklist/psyscibasic/

※北大路書房のホームページ（http://www.kitaohji.com）からも，サポートサイトへリンクしています。

心理学ベーシック 第 2 巻　なるほど！ 心理学実験法

2017 年 9 月 20 日	初版第 1 刷発行	定価はカバーに表示
2020 年 2 月 20 日	初版第 2 刷発行	してあります。

監 修 者　三　浦　麻　子
著　　者　佐　藤　暢　哉
　　　　　小　川　洋　和
発 行 所　(株)北 大 路 書 房
〒 603-8303
京都市北区紫野十二坊町 12-8
電 話 (075) 431-0361 (代)
FAX (075) 431-9393
振替　01050-4-2083

イラスト　田渕　恵
編集・デザイン・装丁　上瀬奈緒子 (綴水社)
印刷・製本　亜細亜印刷 (株)

©2017　ISBN978-4-7628-2996-3　Printed in Japan
検印省略　落丁・乱丁本はお取り替えいたします

・ **JCOPY** 〈(社)出版者著作権管理機構 委託出版物〉
本書の無断複写は著作権法上での例外を除き禁じられています。
複写される場合は，そのつど事前に，(社)出版者著作権管理機構
（電話 03-5244-5088, FAX 03-5244-5089, e-mail: info@jcopy.or.jp）
の許諾を得てください。

シリーズ紹介

心のはたらきを科学的に見つめるまなざしを養い,
「自らの手で研究すること」に力点をおいたシリーズ全5巻。

シリーズ監修　三浦麻子

第1巻　**なるほど! 心理学研究法**　三浦麻子　著

第2巻　**なるほど! 心理学実験法**　佐藤暢哉・小川洋和　著

第3巻　**なるほど! 心理学調査法**　大竹恵子　編著

第4巻　**なるほど! 心理学観察法***　佐藤寛　編著

第5巻　**なるほど! 心理学面接法***　佐藤寛　編著

＊は未刊（2017年9月現在）　書名等が一部変更となる場合もあります。